国家示范性高等职业院校成果教材·汽车

汽车电子产品质量管理

张亚琛 主编

清华大学出版社

北 京

内 容 简 介

本书围绕汽车电子产品的质量管理,重点介绍质量管理的基本理论、质量检验、质量管理常用方法、质量控制和质量经济性分析等内容。每个部分都配套有实训任务,目的是实现教材内容与岗位对接,将职业能力需求融入到教材中,实现"做中教,做中学,学中用"的"教学做"一体化的培养模式。

本书可供高等院校汽车电子专业、电子专业,尤其是高职院校汽车电子专业的学生作为教材,还可供社会上从事汽车电子产品生产和检验、电子产品设计、质量控制、质量管理和认证的工程师、技术员参考。

图书在版编目(CIP)数据

汽车电子产品质量管理/张亚琛主编. --北京:清华大学出版社,2016 (2022.1重印)
国家示范性高等职业院校成果教材. 汽车电子技术系列
ISBN 978-7-302-43768-0

Ⅰ. ①汽… Ⅱ. ①张… Ⅲ. ①汽车-电气设备-质量管理-高等职业教育-教材
Ⅳ. ①U463.6

中国版本图书馆 CIP 数据核字(2016)第 100155 号

责任编辑:许　龙　赵从棉
封面设计:常雪影
责任校对:赵丽敏
责任印制:杨　艳

出版发行:清华大学出版社
　　　　网　　　址:http://www.tup.com.cn, http://www.wqbook.com
　　　　地　　　址:北京清华大学学研大厦 A 座　　邮　　编:100084
　　　　社 总 机:010-62770175　　　　　　　　邮　　购:010-62786544
　　　　投稿与读者服务:010-62776969, c-service@tup.tsinghua.edu.cn
　　　　质量反馈:010-62772015, zhiliang@tup.tsinghua.edu.cn
印　装　者:涿州市京南印刷厂
经　　销:全国新华书店
开　　本:170mm×230mm　　　印　张:9.75　　　字　数:179 千字
版　　次:2016 年 7 月第 1 版　　　　　　　印　次:2022 年 1 月第 3 次印刷
定　　价:32.00 元

产品编号:041128-02

前言

"**质**量管理"是工业工程专业重要的专业课之一,汽车电子专业也不例外。汽车电子行业的生产企业、流通企业、质量监督部门、质量管理部门和销售与服务企业提供了大量的质控/质管岗位。深圳职业技术学院于 2005 年成立了汽车电子技术专业,同时开设了"汽车电子产品质量管理"这门课,目的在于培养学生具备质量管理体系、质量管理工具、质量检验改进、质量成本管理等方面的基础知识,熟练、恰当、准确地运用相应的方法和工具来解决实际问题的能力,并参与相关行业企业管理与产品质量管理和检验。

本书在内容上与时俱进,在内容上与市场岗位需求保持高度一致;突出实用性,实现"做中教,做中学,学中用"的"教学做"一体化培养模式;注重参与性和趣味性。本书的突出之处有:

1. 内容紧扣职业需求,体现时代性

通过分析近几年深圳市汽车行业典型的质量管理岗要求,提炼出行业岗位群对人才的基本素质与技能要求。本书将这些职业能力需求融入到教材内容中,设计了质量总论、质量检验、质量管理常用方法、质量控制和质量经济性分析 5 个部分,每个部分针对不同的素质与技能要求设定专门的知识目标与能力目标,目的是实现教材内容与岗位对接。

2. 突出实用性,强调能力培养

本书将企业的质量活动搬到课堂中,围绕汽车电子产品的质量管理设计了一系列的实训项目,将产品设计、制造、检验及维护等所有质量活动转化成学习情境。教学模式以学生为主体,教师为主导。教师在做中教,学生在做中学,学中用,体验用质量管理理论解决实际问题的乐趣。

3. 形式多样，增强趣味性

本书内容除理论知识外，还包括了案例分析、例题、项目等，以调动学生学习的积极性，提高学习的趣味性。

本教材可供社会上从事汽车电子产品生产和检验、电子产品设计、质量控制、质量管理和认证工程师、技术员参考，供高校汽车电子专业、电子专业、尤其是高职院校汽车电子专业的学生作为教材选用。

本书由深圳职业技术学院汽车与交通学院张亚琛主编。全书由深圳职业技术学院朱方来教授主审。在本书的编写过程中，参考了较多的同类专著、教材和有关文献资料，在此对有关作者表示感谢。

由于作者水平有限，错误和不当之处在所难免，敬请读者指正。

编　者

2016 年 1 月

目录

第 1 章　质量总论

质量问题是一个战略问题,质量水平的高低是一个国家经济、科技、教育和管理水平的综合反映。产品质量的好坏关系到每个人、每个企业的切身利益,关系到整个社会的发展。正如美国著名质量管理专家朱兰所说:21 世纪将是质量的世纪。

1.1　质量概述

1.1.1　质量概念的演变

质量的内涵十分丰富,随着社会经济、科学技术和生产技术的发展,其内容也在不断充实、完善和深化。人们对质量概念的认识经历了一个不断发展和深化的历史过程。质量概念所描述的对象早期大多仅仅局限于产品,后来又逐渐延伸到了服务,而今则不仅包括产品和服务,还扩展到了过程、活动、组织乃至它们的结合。

1. 符合性质量观

早期的一种颇有影响的观点认为,质量意味着规范或要求。美国质量管理专家克劳斯比是其主要代表人物之一。他认为质量并不意味着好、卓越、优秀,等等。谈论质量只有相对于特定的规范或要求才是有意义的,合乎规范即意味着具有了质量,而不合格自然就是缺乏质量。这种“合格即质量”的认识对于质量管理的具体工作显然是很实用的,但其局限性也显而易见:仅仅强调规范、强调合格,难免会忽略顾客的需要,忽略企业存在的真正目的和使命。

2. 适用性质量观

美国质量管理专家朱兰博士从顾客的角度出发,提出了著名的"适用性"观点。他指出,"适用性"就是产品在使用过程中成功地满足顾客要求的程度;"适用性"概念普遍适用于一切产品或服务;对顾客来说,质量就是适用性,而不是"符合规范";最终用户很少知道"规范"是什么,质量对他而言就意味着产品在交货时和使用中的适用性;适用性观念对于重视顾客、明确企业存在的根本目的和使命无疑具有极为深远的意义。

3. 满足需求质量观

在现代社会新的形势下,把质量仅定义为用户的适用性是不够的,因为个体需求与社会需求的质量要求不能完全等同;正如著名的日本质量专家石川馨教授所指出的:"以往讲质量,往往是站在产品使用者的立场来考虑,但今天必须考虑对周围影响的质量,如飞机的噪声、汽车的排气等问题。"

4. 国际标准化组织的观点

在以上质量观的基础上,国际标准化组织(International Standard Orgnization, ISO)形成了国际社会公认的质量定义。

ISO 8402:1986 对质量的定义:"反映产品或服务满足明确和隐含需要的能力的特性总和。"

ISO 8402:1994 对质量的定义:"反映实体满足明确和隐含需要的能力的特性总和。"

ISO 9000:2000 对质量的定义:"一组固有特性满足要求的程度。"

1.1.2　质量的内涵

根据 ISO 9000:2005(2000)中对质量的定义,质量的内涵包括以下几个方面的内容。

(1) 质量的对象泛指一切可单独描述和研究的事物。

事物,它可以是产品(包括硬件、流程性材料、软件和服务四大类别)、活动,也可以是过程、组织、体系或人员以及上述各项的任何组合。因此,质量概念既可以用来描述产品和活动,如产品质量、工程质量、建筑质量、服务质量、教育质量等,也可以用来对过程、人员甚至组织进行描述,如系统质量、运行质量、组织质量、管理质量、人员质量等。这个概念突出反映了质量概念的广泛包容性。

(2) 定义中的特性指事物可以区分的特征。

质量特性不仅包括功能、准时性、可靠性、安全性等,而且包括环境、经济性和美学等方面。质量不仅要满足顾客和用户的需要,而且要考虑社会的需要。正是由于事物具有各种特性,才使得它能够满足顾客以及其他利益相关方的要求。

(3) 质量要不断改进、提高,以适应社会变化的要求。

质量不仅包括规定的明确表述出来的要求,如商务活动中买卖双方通过契约所作的约定,在诸如核能利用等特殊场合由法律所作的规定等,也包括隐含的、潜在的需求,也即组织、顾客和其他相关方的惯例或一般做法,是不言而喻的、合理的,如银行必须为顾客存款保密等;同时随着时间的变化还要修改质量标准,提出新的要求。此外,质量还具有相对性,不同层面的顾客对质量的要求是不同的。

(4) 质量的受益者不仅是用户和顾客,而且包括业主、员工、分供方和社会。

这里的用户既包括外部,也包括内部的。例如:"下道工序就是上道工序的用户","生产部门就是采购部门的用户"等。业主指拥有产业或企业所有权的人。员工指企业(单位)中各种用工形式的人员。分供方指提供产品的组织和个人。他们都是质量的受益者。

1.1.3 产品及产品质量的形成

1. 产品的概念及类型

ISO 9000:2005(2000)《质量管理体系基础和术语》中对产品的定义为:"过程的结果。"产品是过程所产生的结果,没有过程就不会有产品。

产品是一个广义的概念,它包括硬件、流程性材料、软件和服务四种类型。具体如表 1-1 所示。

表 1-1 通用产品的类型和种类

产品类型	定　义	产 品 种 类
硬件	具有特定形状的可分离的有形产品	硬件通常由制造的、建造的或装配的零件、部件(或组件)组成
软件	通过承载媒体表达的信息组成的一种知识产物	软件通常以概念、学报或程序等形式表示。计算机软件是一种特例
流程性材料	通过将原材料转化成某一预定状态所形成的有形产品	流程性材料的状态可以是液体、气体、粒状、块状、线头或板状材料
服务	为满足顾客的需要,供方和顾客之间接触的活动以及供方内部活动所产生的结果	在供方与顾客的接触中,供方或顾客可表现为人员或设备。同时,顾客的活动对服务提供可能是必不可少的有形产品的提供或使用可构成服务提供的一个部分,服务可与有形产品的制造和提供相联系

产品还可以是以上四种类型产品的任意组合,通常是两种或两种以上产品类型的组合。例如,大多数提供硬件、软件或流程性材料的组织,同时还要提供相应的服务。许多产品由不同类别的产品构成,服务、软件、硬件或流程性材料的区分取决于其主导成分。

如,产品"汽车"由硬件(如车身)、流程性材料(燃料、冷却液)、软件(如发动机控制软件、驾驶员手册)、服务(如:销售人员所做的操作指导)所组成。

2. 产品质量产生、形成和实现的过程

1) 典型的硬件产品的质量产生、形成和实现的过程

典型的硬件产品产生、形成和实现的过程,包括市场营销和市场调研,设计/规范的编制和产品开发,采购,工艺策划和开发,生产制造,检验、试验和检查,包装和储存,销售和分发,安装和运行,技术服务和维护,用后处置等环节。典型的硬件产品的产生、形成和实现的过程可以用图 1-1 所示的质量环来表示。

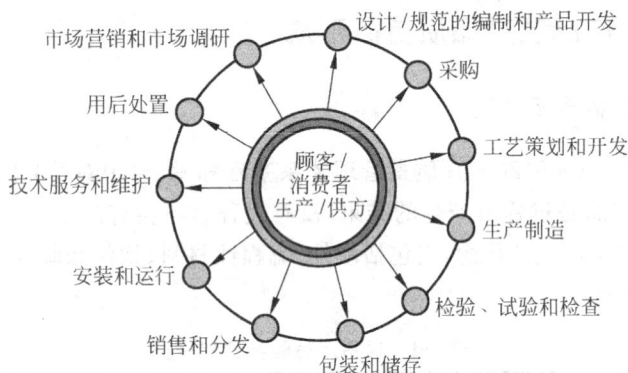

图 1-1　硬件产品的质量环

2) 典型的流程性材料的质量产生、形成和实现的过程

典型的流程性材料质量的产生、形成和实现的过程,包括市场调研,技术研究和开发,设计/规范的编制和产品开发,采购,工艺策划和开发,生产过程的测量和调整,生产制造,过程维护,检验、试验和检查,包装和储存,销售和分发,顾客使用,技术服务,用后处置,市场营销等环节。典型的流程性材料质量的产生、形成和实现过程的质量环与典型的硬件产品的质量环相似。

3) 服务质量产生、形成和实现的过程

服务是指伴随着供方与顾客之间的接触而产生的无形产品。服务可以是对属于顾客的有形或无形的产品所施加的活动.如修理业;也可以是有形产品或无形产品的提供,前者如运输,后者如教育机构的培训、教学;还可以是某种气

氛或感觉的创造等。

　　根据质量的定义,可将服务质量理解为一组服务特性满足要求的程度。服务质量也有一个产生、形成和实现的过程。这一过程可以用图 1-2 的服务质量环表示。

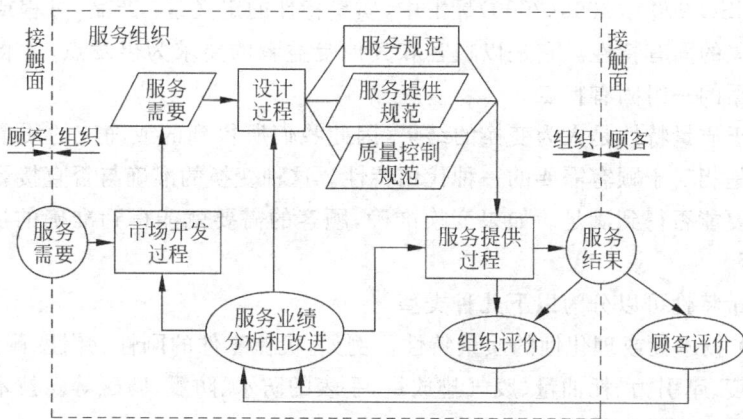

图 1-2　服务的质量环

　　从图 1-2 可以看出,服务质量环把服务的全过程分为服务的市场开发、设计、提供、业绩分析与改进等几个相互联系的阶段。服务市场开发是从服务组织与顾客接触出发,了解、识别和确定顾客对服务的需要。通过服务市场开发,要明确服务需要、服务类型、服务规模、服务档次、服务质量、服务承诺、服务基本方式等。服务设计是在服务市场开发的基础上解决如何进行服务的问题,这一阶段要制订出服务过程中所应用的服务规范、服务提供规范和服务质量控制规范,还要对服务设施、服务环境、服务方式和方法进行设计并把它们反映在上述三种规范中。服务提供是依据服务设计阶段所制订的三种规范向顾客提供服务。服务提供结束后,应对服务的结果进行评估或评定。在此基础上对服务业绩进行分析和改进,并将改进的结果反映到市场开发、设计和服务的各个阶段,使得这一过程成为一个不断循环的过程。

　　4) 典型的软件产品的质量产生、形成和实现的过程

　　典型的软件产品的产生、形成和实现过程,包括市场调研、需方要求规范、开发策划/质量策划、设计和实施、采购、实验确认、销售复制和交付、安装和运行、技术服务和维护、用后处置、市场营销等环节。典型的软件产品的产生、形成和实现过程的质量环与典型的硬件产品的质量环相似。

1.1.4　产品质量特性及其分类

1. 质量特性

在 ISO 9000：2005(2000)标准中,质量特性的定义是：产品、过程或体系与要求有关的固有特性。它是以顾客和其他受益者的要求为出发点,并将其作为测量依据的一组固有特点。

由于质量特性是人为变换的结果,因此我们所得到的或确定的质量特性实质上只是相对于顾客需要的一种代用特性。这种变换的准确与否直接影响着顾客的需要能否得到满足。如果变换准确,顾客的需要就能得到准确的反映;反之,则否。

质量特性可以分为以下几种类型。

(1) 技术性或理化性的质量特性。例如,机械零件的刚性、弹性、耐磨性,汽车的速度、牵引力、耗油量、废气排放量,手表的防水、防震、防磁等。技术性的质量特性可以用理化检测仪器精确测定。

(2) 心理方面的质量特性。例如,服装的式样、颜色,食品的味道,汽车象征的身份和地位等。心理方面的质量特性反映了顾客的心理感觉和审美价值。心理方面的质量特性对于构成产品的"独家特色"、构成产品对每一具体用户的"适用性"非常重要,尤其在消费品领域更是如此。

(3) 时间方面的质量特性。例如,耐用品的可靠性、可维修性、精度保持性,电力供应的及时性等。时间方面的质量特性是同"产品使用寿命周期费用"相联系的。产品使用过程中的及时性、可靠性、可维修性以及使用费用等都极大地影响着顾客对质量的评价。

(4) 安全方面的质量特性。产品的使用不仅要可靠、及时,更重要的是不能给顾客造成伤害和事故,因此,产品必须有保证条款,有各种安全措施。重视安全方面的质量特性对于企业避免和防止产品责任问题的发生具有极为重要的意义。

(5) 社会方面的质量特性。在考虑质量特性的内容时,仅仅考虑对应顾客需要是不充分的,还必须考虑法律、法规、环保以及社会伦理等有关社会整体利益方面的要求。

2. 不同类型产品的质量特性

由于产品的类型不同,特性的内容也各不相同。

1) 硬件和流程性材料类型产品的质量特性

对于硬件和流程性材料类型的产品,其质量特性大致可归纳为产品性能、可信性、安全性、适应性、经济性、时间性 6 个方面。

（1）产品性能是指产品能适合用户使用目的所具有的技术特性，它综合反映了顾客和社会的需要对产品所规定的功能。例如，手表的走时功能，防水、防磁、防震性能；卡车的载重量、速度；拖拉机的牵引力；金属切削刀具的硬度和切削效率等。产品性能还包括使用性能和外观性能两个方面。

（2）可信性是用于表述可用性及其影响因素（可靠性、维修性和维修保障性）的一个集合性术语。可靠性是指产品在规定条件下和规定时间内，完成规定功能的能力；维修性是指产品在规定条件下和规定时间内，按规定程序和方法进行维修时，保持或恢复到规定状态的能力；维修保障性是指维修保障资源能满足产品完好性和使用要求的能力。

（3）安全性反映了产品在储存、流通和使用过程中不发生由于产品质量而导致的人员伤亡、财产损失和环境污染的能力。

（4）适应性反映了产品适应外界环境变化的能力。

（5）经济性反映了产品合理的寿命周期费用。

（6）时间性反映了在规定时间内满足顾客对产品交货期和数量要求的能力，以及满足顾客需要随时间变化而变化的能力。

2）服务类型产品的质量特性

对于服务类型的产品，其质量特性大致可以归纳为功能性、经济性、安全性、时间性、舒适性、文明性等 6 个方面。

功能性反映了某项服务所发挥的效能和作用；经济性反映了顾客为得到不同的服务所需费用的合理程度；安全性反映了为了保证服务过程中顾客的生命不受到危害，健康和精神不受到伤害，货物不受到损失的能力；时间性反映了服务在时间上能够满足顾客需求的能力，包括及时、准时和省时 3 个方面的要求；舒适性反映了在满足功能性、经济性、安全性和时间性等方面质量特性的情况下，服务过程的舒适程度；文明性反映了顾客在接受服务过程中满足精神需求的程度。

3）软件类型产品的质量特性

对于软件类型的产品，其质量特性大致可归纳为功能性、可靠性、易使用性、效率、维护性、可移植性、保密性和经济性等 8 个方面。

功能性是指与一组功能及其指定的性质有关的一组属性；可靠性是软件在规定的时间和条件下，与维持其性能水平的能力有关的一组属性；易使用性是一组与规定或潜在用户为使用软件所作的努力和对使用所作评价有关的一组属性，一个好的软件产品不仅应提供所要求的性能，还应尽可能为顾客提供最大的便利；效率是在规定的条件下，软件的性能水平与所使用资源量之间的一组属性,软件的效率是软件开发人员追求的目标之一,其效率越高,运行所需资源就越少,运行速度就越快;维护性是与进行指定的修改所需努力有关的一组属性,软件维护工作的难易、费用的高低、周期的长短以及对维护人员的技术要求等都可作为维护性的指标;可移植性是与软件可从某一环境转移到另一环境的能力有关的一组属性,具有良好可移植性的软件不但能适应多种运行条件,为软件重用提供极大的便利,而且对于提高软件开发效率和可靠性、缩短研制周期、降低研制成本也具有重要意义;保密性反映了软件防盗用的功能;经济性反映了软件合理的寿命周期费用。

1.2 质量与社会发展

在现代社会中,质量已经成为重大的战略问题。质量是消费者利益的保障,质量是经济工作的生命线,质量是社会和谐发展的基础。优质能给人们带来方便和安乐,能给企业带来效益和发展,最终能使社会繁荣、国富民强;劣质则会给人们生活带来无数的烦恼以致灾难,造成企业的亏损以致倒闭,并由此给社会带来种种麻烦,直接阻碍社会的进步,乃至国家衰败。

随着经济全球化的发展,以质量取胜已成为企业生存发展、国家增强综合国力和国际竞争力的必然要求。

质量的重要性

世界经济强国都将质量视为生死大事,以举国之力规划质量战略和策略,不管是政府还是普通的公民都极其重视。例如,在日本,质量专家曾获天皇接见和颁奖;而在美国,布什总统曾经因故无法出席一次国家级别的质量会议,拟让副总统代替,顿时引起舆论的哗然,认为这是给国民一个忽略质量的负面信号,不得已,布什总统还是按原计划出席了会议。

1. 质量是人类生活和安定的保证

人类社会的存亡在很大程度上依赖于质量,远古时代即是如此。原始社会时期人类主要依赖于天然产品的质量,在这种情况下,人们的生活没有保证。随着科技和商业的发展,一方面不断造就出新一代的产品,为顾客服务,人们在技术的保护下,过上了比过去安全、丰富的生活,但是另一方面,也使越来越多的一般使用者无法凭自己的能力判别所购产品的质量好坏。此外,现代产品的复杂性和多样性,也使得产品质量缺陷和失败的损害非常巨大,且影响范围广泛;这种发展又给人们带来了新的危机,甚至威胁到整个社会的存续。例如,1983 年印度的博帕尔农药厂毒气泄漏案、至今仍然后患无穷的切尔诺贝利核电站泄漏案等,这种严重问题的发生直接影响到整个社会,甚至危及国家的存亡。

产品质量与人们的工作、生活息息相关,一旦产品出了质量问题,轻则造成经济损失,重则会导致人员伤亡等不幸。因产品质量、工程质量、工作质量和服务质量不良而造成的燃烧、爆炸、建筑物倒塌、毒气泄漏、机毁人亡等恶性事故给人们造成的灾难更是令人触目惊心,这些血的沉痛教训,在现实生活中屡见不鲜。朱兰博士很早就提出"质量大堤"的概念来概括这些新的风险,即消费者的安全、健康,甚至日常的福利必须置于"质量大堤"之后才能有保证。

除了个人之外,提心吊胆地生活在"质量大堤"后的还有国家及其经济发展。国民生产力依赖于产品设计及工程设计的质量,国防依赖于尖端武器的质量,国民经济的增长亦取决于一个国家的能源、通信、交通等系统的可靠性。

事实证明,技术可以为人类社会带来各种美妙的享受,但也使人类社会越来越依赖于技术性产品和服务的持续稳定和可靠。因此,我们必须要为此构筑坚固的"堤坝",以使我们免受劣质产品或不良服务之苦,或是灭顶之灾。

2. 质量是我国又快又好发展的基础

提高产品质量,注重质量管理,可以促进企业资源优化和合理利用,从而实现全社会各类资源的有效配置和合理利用,提高整个社会的经济效益,增加社会财富。企业注重质量,逐步走上投入少、产出多、质量好、效益高的发展道路,可以推动我国经济从数量效益型向质量效益型转变,从而从根本上改变只重数量、不重质量的局面,保证社会财富的稳定增长,促进国民经济持续、稳定、协调发展。

要想提高我国的产品质量,必须从提高全民族的素质入手。而民族的素质,除了民族的精神、民族的优良传统外,主要取决于这个民族的科学技术和文化水平,因为高质量的产品是在设计、制造等过程中逐渐形成的,如果技术水平不高,经济实力不强,是不可能生产出优质产品的。所以现代产品,无论是设计、制造和使用,还是其更新换代和发展,无一不是集中了现代科学技术、科学管理和文化发展的最新成果。"中国品质"正是"中国创造"的核心,也是对中国创造的要求。

此外,提高产品质量,还有利于环境保护。企业加强质量管理,可以提高产品的综合质量,包括使用质量和用后处置,特别是现代科技发展为合理处理废物、废气、废水提供了有效的手段,促使企业合理利用资源,减少浪费,减少对污染物的排放,起到了保护环境的作用。

3. 质量是企业的生命

产品质量好坏,决定着企业有无市场,决定着企业经济效益的高低,决定着企业能否在激烈的市场竞争中生存和发展。"以质量求生存,以品种求发展"已成为广大企业发展的战略目标。质量对于企业的生存和发展的作用,具体体现在以下几个方面。

(1) 提高质量是企业在竞争中取胜的保证。

从企业的角度来看,产品质量提高可以扩大市场占有率,从而增加生产、增加销售,最终可以提高经济效益。其次,由于产品质量提高,产品就可以以较高的价格出售,从而给企业带来更多的利润,提高经济效益。再次,产品质量提高,有利于企业资源优化配置和充分运用,从而可以减少消耗,降低成本,以最经济的手段生产出顾客满意的产品,为企业经济效益的持续提高奠定基础。目前越来越多的企业开始认识到这一点。对于很多公司来说,不良质量的成本是非常可观的。这种成本既包括检验、试验活动,以及废品、返工和投诉等明确应计入的成本,还包括发生在经理、设计人员、采购人员、监督者、销售人员等身上的未能明确计入的成本。因为如果质量上出现了失败,那么他们不得不耗费大量的时间和精力重新计划、改变设计、召开协调会议等。这些成本加权起来占销售额很高的比例。系统持续地改进流程和管理系统,就可以在无须进一步投资的情况下大幅度提高企业的经济效益。

(2) 提高质量是企业经济效益不断增长的基础。

产品质量是企业生产经营活动的综合成果。因此,它既是企业各方面工作质量的综合反映,又是企业各方面矛盾的集中体现。企业提高质量的过程就是提高企业每个部分和每个岗位的工作质量的过程,因此,提高质量能有效地促进企业的计划管理、生产管理、劳动管理、物资管理、设备管理、财务管理等各方面工作的改进,这样就能从根本上改善企业管理,全面提高企业素质。

(3) 提高质量可以全面提高企业素质。

企业中每个部门、每个员工的工作质量都会直接或间接地影响到质量。要确保产品的质量能够持续地满足顾客的需求,就需要发挥企业中每个人的积极性,形成人人负责、人人参与的充满活力的氛围。另一方面,企业的发展还可以为职工的发展提供长期可靠的途径,带动员工的发展,提高员工自豪感,使员工的努力得到回报。

【讨论交流】

三鹿与三聚氰胺的思考

石家庄三鹿集团股份有限公司是中国食品工业百强、中国企业 500 强、农业产业化国家重点龙头企业,也是河北省、石家庄市重点支持的企业集团。企业先后荣获全国"五一"劳动奖状、全国先进基层党组织、全国轻工业十佳企业、全国质量管理先进企业、科技创新型星火龙头企业、中国食品工业优秀企业等省以上荣誉称号 200 余项。三鹿集团前身是 1956 年 2 月 16 日成立的"幸福乳业生产合作社",经过几代人半个世纪的奋斗,在同行业创造了多项奇迹和"五个率先":1983 年,率先研制、生产母乳化奶粉(婴儿配方奶粉);1986 年,率先创造并推广"奶牛下乡、牛奶进城"城乡联合模式;1993 年,率先实施品牌运营及集团化战略运作;1995 年,率先在中央电视台一频道黄金时段播放广告;1996 年,率先在同行业导入 CI 系统。

三鹿奶粉产销量连续 14 年实现全国第一,酸牛奶进入全国第二名,液体奶进入全国前四名。三鹿奶粉、液态奶被确定为国家免检产品,并双双再次荣获"中国名牌产品"荣誉称号。2005 年 8 月,"三鹿"品牌被世界品牌实验室评为中国 500 个最具价值品牌之一,2007 年被商务部评为最具市场竞争力品牌。"三鹿"商标被认定为"中国驰名商标",产品畅销全国 31 个省、市、自治区。2006 年,三鹿位居国际知名杂志《福布斯》评选的"中国顶尖企业百强"乳品行业第一位。经中国品牌资产评价中心评定,三鹿品牌价值达 149.07 亿元。

可是,2008 年三鹿集团却因三聚氰胺事件,于 12 月 23 日正式进入破产清算的法律程序。

小组讨论:

一个经 50 年打拼创立起价值近 150 亿元的品牌企业,仅仅几个月内就成为 11 亿多元负资产的破产企业,是什么导致发生如此颠覆性变化?

(4) 提高质量有利于员工的发展。

企业加强质量管理,提高产品质量,给顾客提供进一步的保证,就可以有效地保护顾客的利益。但是,顾客的需求又在不断地提高,要持续满足顾客的要求必须不断提高产品质量。那么如何才能实现这一目标呢?这就需要分析整个质量管理体系,通过不断改进系统、完善流程来持续达到这一目标。例如,目前人们的日常安全和健康极度依赖工业产品的质量,如药品、食品、飞机、汽车、电梯、桥梁等。此外,我们的生活还严重依赖电力、交通、通信、水、废物处理等公共服务的质量和持续性。由此可见,质量已经成为影响全社会的问题。

【讨论交流】

7·23 甬温线特别重大铁路交通事故

2011 年 7 月 23 日 19 时 30 分左右,雷击温州南站沿线铁路牵引供电接触网或附近大地,通过大地的阻性耦合或空间感性耦合在信号电缆上产生浪涌电压,在多次雷击浪涌电压和直流电流共同作用下,LKD2-T1 型列控中心设备采集驱动单元采集电路电源回路中的保险管 F2(以下简称列控中心保险管 F2,额定值 250V、5A)熔断。熔断前温州南站列控中心管辖区间的轨道无车占用,因温州南站列控中心设备的严重缺陷,导致后续时段实际有车占用时,列控中心设备仍按照熔断前无车占用状态进行控制输出,致使温州南站列控中心设备控制的区间信号机错误升级保持绿灯状态。

雷击还造成轨道电路与列控中心信号传输的 CAN 总线阻抗下降,使 5829AG 轨道电路与列控中心的通信出现故障,造成 5829AG 轨道电路发码异常,在无码、检测码、绿黄码间无规律变化,在温州南站计算机连锁终端显示永嘉站至温州南站下行线三接近(以下简称下行三接近,即 5829AG 区段)"红光带"。

19 时 39 分,温州南站车站值班员臧凯看到"红光带"故障后,立即通过电话向上海铁路局调度所列车调度员张华汇报了"红光带"故障情况,并通知电务、工务人员检查维修。瓯海信号工区温州南站电务应急值守人员滕安赐接到故障通知后,于 19 时 40 分赶到行车室,确认设备故障属实后,在《行车设备检查登记簿》(运统-46)上登记,并立即向杭州电务段安全生产指挥中心进行了汇报。

19 时 45 分左右,滕安赐进入机械室,发现 6 号移频柜有数个轨道电路出现报警红灯。

19 时 55 分左右,接到通知的温州电务车间工程师陈旭军、车间党支部书记王晓、预备工班长丁良余 3 人到达温州南站机械室。陈旭军问滕安赐:"登记好了没有?"滕安赐说:"好了。"陈旭军要求滕安赐担任驻站联络,随即与王晓、丁良余进入机械室检查,发现移频柜内轨道电路大面积出现报警红灯(经调查,共 15 个轨道电路发送器、3 个接收器及 1 个衰耗器指示灯出现报警红灯),陈旭军即用 1 个备用发送器及 1 个无故障的主备发送器中的备用发送器替代 S1LQG 及 5829AG 两个主备发送器均亮红灯的轨道电路的备用发送器,采用单套设备先行恢复。

20 时 15 分左右,陈旭军通过询问在行车室内的滕安赐,得知"红光带"已消除,即叫滕安赐准备销记。滕安赐正准备销记,此时 5829AG"红光带"再次出现,王晓立即通知滕安赐不要销记。陈旭军将 5829AG 发送器取下重新安装,工作灯点绿灯。随后,杭州电务段调度沈华庚来电话让陈旭军检查一下其他设备。陈旭军来到微机房,发现列控中心轨道电路接口单元右侧最后两块通信板工作指示灯亮红灯,便取下这两块板,同时取下右侧第三块的备用板插在第二块板位置,此时其工作指示灯仍亮红灯。陈旭军立即(20 时 34 分左右)向 DMIS(调度指挥管理信息系统)工区询问了可能的原因后,便回到机械室取下三个工作灯亮红灯的接收器。此时列控中心轨道电路接口单元右侧第二块通信板工作指示灯亮绿灯,陈旭军随即将拆下来的两块通信板恢复到两个空位置上,然后通信板工作指示灯亮绿灯。陈旭军在微机室继续观察。

至事故发生时,杭州电务段瓯海工区电务人员未对温州南站至瓯海站上行线和永嘉站至温州南站下行线故障处理情况进行销记。

20时03分,温州南站线路工区工长袁建军在接到关于下行三接近"红光带"的通知后,带领6名职工打开杭深线下行584千米300米处的护网通道门并上道检查。20时30分,经工务检查人员检查确认工务设备正常后,温州南工务工区驻站联络员孔繁荣在《行车设备检查登记簿》(运统-46)上进行了销记:"温州南—瓯海间上行线,永嘉—温州南下行线经工务人员徒步检查,工务设备良好,交付使用。"

19时51分,D3115次列车进永嘉站3道停车(正点应当19时47分到,晚点4分),正常办理客运业务。

19时54分,张华发现调度所调度集中终端(CTC)显示与现场实际状态不一致(温州南站下行三接近在温州南站计算机连锁终端显示"红光带",但调度所CTC没有显示"红光带"),即按规定布置永嘉站、温州南站、瓯海站将分散自律控制模式转为非常站控模式。

20时09分,上海铁路局调度所助理调度员杨向明通知D3115次列车司机何栎:"温州南站下行三接近有'红光带',通过信号没办法开放,有可能机车信号接收白灯,停车后转目视行车模式继续行车。"司机又向张华进行了确认。

20时12分,D301次列车永嘉站1道停车等信号(正点应当19时36分通过,晚点36分)。

永嘉站至温州南站共15.563km,其中永嘉站至5829AG长11.9km,5829AG长750m,5829AG至温州南站长2.913km。

20时14分58秒,D3115次列车从永嘉站开车。

20时17分01秒,张华通知D3115次列车司机:"在区间遇红灯即转为目视行车模式后以低于20km/h速度前进。"

20时21分22秒,D3115次列车运行到583千米834米处(车头所在位置,下同)。因5829AG轨道电路故障,触发列车超速防护系统自动制动功能,列车制动滑行,于20时21分46秒停于584km115米处。

20时21分46秒至20时28分49秒,因轨道电路发码异常,D3115次列车司机三次转目视行车模式起车没有成功。

20时22分22秒至20时27分57秒,D3115次列车司机6次呼叫列车调度员、温州南站值班员3次呼叫D3115次列车司机,均未成功(经调查,20时17分至20时24分,张华在D3115次列车发出之后至D301次列车发出之前,确认了沿线其他车站设备情况,再次确认了温州南站设备情况,了解了上行 D3212 次列车运行情况,接发了 8 趟列车)。

20 时 24 分 25 秒,在永嘉站到温州南站间自动闭塞行车方式未改变、永嘉站信号正常、符合自动闭塞区间列车追踪放行条件的情况下,张华按规定命令 D301 次列车从永嘉站出发,驶向温州南站。

20 时 26 分 12 秒,张华问臧凯 D3115 次列车运行情况,臧凯回答说:"D3115 次列车走到三接近区段了,但联系不上 D3115 次列车司机,再继续联系。"

20 时 27 分 57 秒,臧凯呼叫 D3115 次列车司机并通话,司机报告:"已行至距温州南站两个闭塞分区前面的区段,因机车综合无线通信设备没有信号,跟列车调度员一直联系不上,加之轨道电路信号异常跳变,转目视行车模式不成功,将再次向列车调度员联系报告。"臧凯回答:"知道了。"20 时 28 分 42 秒通话结束。

20 时 28 分 43 秒至 28 分 51 秒、28 分 54 秒至 29 分 02 秒,D3115 次列车司机两次呼叫列车调度员不成功。

20 时 29 分 26 秒,在停留 7 分 40 秒后,D3115 次列车成功转为目视行车模式启动运行。

20 时 29 分 32 秒,D301 次列车运行到 582km497 米处,温州南站技教员么晓强呼叫 D301 次列车司机并通话:"动车 301 你注意运行,区间有车啊,区间有 3115 啊,你现在注意运行啊,好不好啊?现在设备(通话未完即中断)……"

此时,D301 次列车进入轨道电路发生故障的 5829AG 轨道区段(经调查确认,司机采取了紧急制动措施)。20 时 30 分 05 秒,D301 次列车在 583km831 米处以 99km/h 的速度与以 16km/h 速度前行的 D3115 次列车发生追尾。事故造成 D3115 次列车第 15、16 位车辆脱轨,D301 次列车第 1 至 5 位车辆脱轨(其中第 2、3 位车辆坠落瓯江特大桥下,第 4 位车辆悬空,第 1 位车辆除走行部之外车头及车体散落桥下;第 1 位车辆走行部压在 D3115 次列车第 16 位车辆前半部,第 5 位车辆部分压在 D3115 次列车第 16 位车辆后半部),动车组车辆报废 7 辆、大破 2 辆、中破 5 辆、轻微小破 15 辆,事故路段接触网塌网损坏、中断上下行线行车 32 小时 35 分,造成 40 人死亡、172 人受伤。

事故发生的原因是:通信信号集团公司所属通信信号研究设计院在 LKD2-T1 型列控中心设备研发中管理混乱,通信信号集团公司作为甬温线通信信号集成总承包商履行职责不力,致使为甬温线温州南站提供的设备存在严重设计缺陷和重大安全隐患;国家铁道部在 LKD2-T1 型列控中心设备招投标、技术审查、上道使用等方面违规操作、把关不严,致使其上道使用;雷击导致列控中心设备和轨道电路发生故障,错误地控制信号显示,使行车处于不安全状态;上海铁路局相关作业人员安全意识不强。

在事故抢险救援过程中,国家铁道部和上海铁路局存在处置不当、信息发布不及时、对社会关切回应不准确等问题,在社会上造成不良影响。

小组讨论:

7·23甬温线特别重大铁路交通事故仅仅只是因为设计有问题而引起的吗?

1.3 ISO/TS 16949 的历史背景与发展

1.3.1 ISO/TS 16949 标准的形成

随着汽车的普及和汽车业的迅猛发展,为了协调国际汽车质量系统规范,由世界上主要的汽车制造商(OEM)及工业协会于1996年成立了一个专门机构,称为国际汽车工作组(International Automotive Task Force,IATF)。

IATF的成员包括国际标准化组织质量管理与质量保证技术委员会(ISO/TC 176),意大利汽车工业协会(ANFIA),法国汽车制造商委员会(CCFA)和汽车装备工业联盟(FIEV),德国汽车工业协会(VDA),英国汽车工业协会(SMMT)和汽车制造商——宝马(BMW)、克莱斯勒(Chrysler)、菲亚特(Fiat)、福特(Ford)、通用(General Motors)、雷诺(Renault)、大众(Voldswagen)和雪铁龙(PSA)。

在ISO/TS 16949颁布之前,世界各国各主要汽车制造商(OEM)推行各自的质量规范来进行汽车行业的质量控制。法国推行 EAQF,意大利推行AVSQ,德国推行 VDA6,北美推行 QS-9000。以 QS-9000 为例,虽然它获得了广泛的认可,大约有23000个组织进行了注册,但不可否认,处于不同国家的汽车制造商还必须使用自己国家的标准来控制其供方和他们所生产的零部件质量,能否建立一个真正的通用的汽车业质量管理体系要求,各国汽车制造厂商都很感兴趣。

为了建立一个真正的通用的汽车业质量管理体系要求,国际汽车工作组(IATF)承担了这项迫切工作。实际上,与其他国际标准一样,ISO/TS 16949 也是一个妥协的产物。该标准以美国、德国、法国、意大利和日本的汽车制造商的意见为主,特别考虑了德国的 VDA6.1 与美国的 QS-9000 之间的重大不同。如,QS-9000 是把 ISO 9001:1994 标准全部包括进来,再加上汽车业补充要求,而 VDA6.1 是以 ISO 9004 作为基础的,结果在 VDA6.1 中包含了 ISO 9001 或

QS-9000(第三版)标准所没有的概念,如新产品成本分析和员工满意等。又如,QS-9000 审核时采用通过/不通过(符合/不符合)方式,而 VDA6.1 符合百分比方式。

通过 IATF 及其八大整车厂的共同努力,1999 年,IATF 对 3 个欧洲规范 VDA6.1(德国)、VSQ(意大利)、EAQF(法国)和 QS-9000(北美)进行了协调,在与 ISO 9001：1994 版标准结合的基础上,经 ISO/TC 176 的认可,制定出了 ISO/TS 16949：1999 这一规范。随着 ISO 9001：2000 的颁布和实施,2002 年 3 月,ISO 与 IATF 在 ISO 9001：2000 版标准的基础上公布了国际汽车质量的技术规范 ISO/TS 16949：2002,它的全名是《质量管理体系汽车生产件及相关服务件组织应用的 ISO 9001：2000 的特殊要求》,英文为 Quality Management Systems Particular Requirements for the Application of ISO 9001：2000 for Automotive Production and Relevant Service Part Organization,简称 ISO/TS 16949：2002。经过 8 年的实施,ISO/TS 16949：2002 已被全球汽车供应链组织所接受。2008 年 11 月,随着 ISO 9001：2008 版的发布,IATF 对 ISO/TS 16949：2002 作了相应的修正,形成了 ISO/TS 16949：2009 版。修正后的 ISO/TS 16949：2009 没有提出新的要求,仅仅是体现了 ISO 9001：2008 版的变更部分,并且 ISO 9001：2008 也只是在 ISO 9001：2000 版的基础上做了一些澄清和修订,意在提高与 ISO 14001：2004 的一致性。

1.3.2　ISO/TS 16949 的作用

ISO/TS 16949 的作用如下：

(1) 建立并实施 ISO/TS 16949 有利于企业成为汽车顾客的供方。

汽车主机厂目前普遍提出了对汽车生产件及相关维修件供方的质量管理体系要求,依据 ISO/TS 16949：2009 技术规范和顾客特殊要求建立质量管理体系,取得认证,才有可能进入国际、国内汽车顾客的采购圈。

(2) 提高企业的工作效率。

ISO/TS 16949：2009 技术规范告诉企业的不仅仅是质量管理体系各过程的要求,提出并规定了许多有效的、切实可行的控制程序和方法,如质量先期策划、测量系统分析、生产件批准程序等,合理地使用这些方法,可以有效地提高工作效率,增强企业的战斗力和生存力。

(3) 有利于企业全员以顾客为关注焦点。

企业应从各种途径准确地了解和掌握顾客一般的和特定的需求。通过人力资源管理,培训管理的加强,形成与质量有关的各级管理人员、岗位员工整体素质不断提高的发展局面。

(4) 能不断提高顾客对企业提供的产品和服务的满意程度。

建立百分之百按时交付产品的机制。坚持关注、沟通与满足顾客变化着的要求,持续改进产品的质量。ISO/TS 16949:2009 技术规范将帮助企业不断提高顾客的满意程度。

(5) 预防产品缺陷,减少不合格品。

ISO/TS 16949:2009 技术规范从产品的策划、设计与开发、制造过程设计、生产过程的确认、不合格品的分析与控制、纠正措施、预防措施诸多过程进行控制。对产品实现过程潜在的缺陷进行识别、分析,制定相应的措施,防止不合格的发生,减少不合格品,降低废品损失,减少成本,使产品实物质量明显提高。落实并实施 ISO/TS 16949:2009 技术规范,采取质量先期策划、控制计划等手段,对产品从原辅材料采购到产品实现过程直至交付的全过程规定控制要求,实施过程控制,能有效地提高产品的实物质量,从而提高企业产品的市场竞争力。

(6) 减少了质量管理体系的重复检查和验证。

ISO/TS 16949 在 ISO 9001:2008 的基础上,集 QS-9000、VDA6.1 等汽车质量体系标准的管理思路和要求,已被全球的汽车顾客所接受,"共同的标准,共同的第三方认证,相互承认"已是大势所趋。过去不同汽车管理体系标准的重复认证,将逐步过渡到单一的认证,这为广大汽车生产件企业减轻了负担。

(7) 有助于企业建立自我检查、发现问题,寻求改进,自我完善的管理机制。

内部审核员队伍建立和保持,将为企业质量管理水平的不断提升、持续改进提供保证。

1.3.3　ISO/TS 16949 标准的适用范围

ISO/TS 16949:2009 这项技术规范适用于整个汽车产业生产零部件与服务件的供应链,包括整车厂。2002 年 4 月 24 号,福特、通用和克莱斯勒三大汽车制造商在美国密歇根州底特律市召开了新闻发布会,宣布对供应厂商要采取一个统一的质量体系规范,这个规范就是 ISO/TS 16949。供应厂商如没有获得 ISO/TS 16949 的认证,也将意味着失去作为一个供应商的资格。

从 1999 年 3 月 1 日第 1 版的 ISO/TS 16949 标准推行至 2006 年底,IATF 已在全球批准颁发了近 28000 张证书,其中中国有近 5000 张。获得 IATF 授权认可的认证机构全球有 56 家,中国有近 30 家,获得 IATF 认可的审核员全球有近 2600 人,中国有近 300 人。

1.3.4　IATF 对 ISO/TS 16949 的规范管理

为切实可行、有效地贯彻 ISO/TS 16949 规范,IATF 在全球建立了 5 个地区性的国际汽车监督署。这 5 个监督署分别为 ANFIA、IATF-France、SMMT、VDA-QMC 和 IAOB。目前 IAOB 和 VDA-QMC 在中国设有办公室。这 5 个监督署采用相同的程序方法来监督全球 ISO/TS 16949 规范的管理、操作和实施。

每个监督署的职责包括：

（1）代表 IATF，通过相同的程序，贯彻和管理 ISO/TS 16949 的注册全过程，包括见证审核活动，注册审核员的资格培训和考试，监督认证公司和注册审核员的工作质量；

（2）与其他监督署协调，以确保 ISO/TS 16949 注册计划的全球一致性；

（3）贯彻和实施 IATF 的政策和决定；

（4）负责 IATF 与全球汽车制造商之间有关标准的协调事宜；

（5）建立和维持 IATF 的信息数据库以便于注册管理。

ISO/TS 16949：2009 是国际汽车行业的技术规范，是基于 ISO 9001 的基础，加进了汽车行业特殊要求的技术规范。此规范完全和 ISO 9001：2008 保持一致，目的就是在整个汽车供应链中建立持续改进、强调缺陷预防、减少变差和浪费的质量管理体系。

1.4   ISO/TS 16949 标准的特点与原则

1.4.1   ISO/TS 16949：2009 的特点

ISO/TS 16949：2009 的特点如下：

（1）特别注重制造企业的成品及实现这个成品的质量管理体系能力。ISO/TS 16949：2009 认为质量管理体系能力是整个制造过程活动的基础。没有一个运行状况良好的质量管理体系，企业就无法确保能持续稳定地制造出满足顾客要求的产品。

（2）特别注重一个机构的质量管理体系的有效性和效率。标准 5.1.1 要求"最高管理者应评审产品实现过程和其支持过程，以确保它们的有效性和效率"。即，在审核过程中，除了关注企业建立的质量管理体系与标准要求的符合性，还特别关注整个质量管理体系运行的有效性和效率。这里的"有效性"指达成已策划的结果，以使顾客满意。"效率"指基于现有的资源达成结果，以使企业本身满意。

（3）ISO/TS 16949：2009 的审核，由原来单一的要素的审核转变为对过程的审核，将重点放在以顾客为中心，根据顾客的要求结合标准的要求来评估组织的制造活动,围绕顾客满意来衡量组织的表现。

(4) ISO/TS 16949：2009 是汽车制造商极力推行的一个管理体系标准,它是受 IATF 承认的一个单一的全球质量体系标准和注册程序。在全球范围内的互相承认,势必将减少第二方和第三方的审核,为厂家节省费用。

(5) 在进行 ISO/TS 16949：2009 的注册认证审核中,除了审核标准的要求,还要审核到汽车制造商对其供应商提出的对产品及其产品控制过程中的特别要求。TS 16949 把用户的要求和技术规范放在同等重要的位置。

(6) 由于 ISO/TS 16949：2009 已包含了 ISO 9001：2008 的所有内容,所以获得 ISO/TS 16949：2009 的认证,也标志着符合 ISO 9001：2008 标准要求。

1.4.2 质量管理的原则

1. 以顾客为关注焦点

"组织依存于顾客,因此,组织应当理解顾客当前和未来的需求,满足顾客要求并争取超越顾客的期望。"

一个组织在经营上取得成功的关键是生产和提供的产品能够持续地符合顾客的要求,并得到顾客的满意和信赖。这就需要通过满足顾客的需要和期望来实现。

顾客的需求是多种多样的,企业应从各种途径准确地了解和掌握顾客一般的和特定的要求,包括顾客当前和未来的、发展的需要和期望。这样才能瞄准顾客全部要求,准确、完整地转化为产品规范和产品实施规范,确保产品的适用质量和符合性质量。另外,必须注意顾客的要求并非是一成不变的,随着时间的推移,特别是技术发展的需要,顾客的要求也会发生相应的变化。因此,组织必须动态地聚焦于顾客,及时掌握变化着的顾客要求,开展质量改进,力求同步地满足顾客要求并使顾客满意。

【讨论交流】

林先生为什么不来打球了?

马来西亚人林先生工作之余常到康乐中心来健身。他喜欢打台球,与服务员都很熟悉。在这里,他不仅能与熟人聊聊天,而且台球技艺也在不断长进。每回与对手打球都不相上下,这使得他没有约束感,能体会到不相上下的竞技魅力。

某日接待他的是一个刚来不久的实习生。小伙子热情接待了林先生,并答应陪打服务。但是在短短一个小时的时间里,小伙子干净利索地以大比分赢了林先生两局,让林先生觉得自己像初学者那样笨拙。他沮丧地提早买了单,并索然无味地离去。此后,林先生没有再来打球,听说他经常出入另一家健身房了。

2. 领导作用

"领导者确立组织统一的宗旨及方向。他们应当创造并保持员工能充分参与实现组织目标的内部环境。"

组织最高管理层的高度重视和强有力的领导是组织质量管理取得成功的关键。最高管理层是组织的决策层,决定和控制着组织发展的前程,因此对组织能否在激烈的市场竞争中处于领先地位起着至关重要的作用。在这个前提下,还必须注意各级管理者在组织的质量方针的指引下应保持认识上的一致和工作上的协调。在此基础上,最高管理层还应营造一个良好的组织内部环境,鼓励和促进组织内部所有人员共同为实现质量方针和质量目标作出应有的贡献。

【讨论交流】

铁锤砸冰箱

"宁可损失上万元,也不给用户添麻烦。"这是青岛海尔为实现"质量是企业永恒的主题"这一目标而提出的口号。1985 年,由于部分职工忽视产品质量,造成了 76 台冰箱不合格的严重后果。青岛海尔以此为突破口,举办了废品展览会。张总经理命令直接责任者自己用铁锤当众砸毁这 76 台冰箱。这一举措,使在场的千余名职工瞪口呆。铁锤不仅砸毁了冰箱,而且彻底砸毁了青岛海尔某些员工的产品低劣意识,砸在了每个员工的心头,在员工中引起了强烈的震撼,使青岛海尔从此走上了质量管理的路子。

3. 全员参与

"各级人员是组织之本,只有他们充分参与,才能使他们的才干为组织带来收益。"

组织的质量管理是通过组织内部各级各类人员参与各项质量活动加以实施的。因此,人员在质量管理中始终处于主导地位,也是最活跃的因素。

质量管理实践证明,组织能否深入开展质量管理,确保产品、体系和过程的质量满足顾客和其他相关方的需要和期望,取决于各级各类人员的质量意识、思想和业务素质、事业心和责任心、职业道德,以及适应本岗位的工作能力等因素。这就要求组织在推行质量管理中十分重视人的作用,为他们创造一个积极投入、奋发进取、充分发挥才能的工作环境,有利于为顾客创造价值,为组织增加效益作出更大的贡献。

【讨论交流】

三个和尚挑水的故事

有一首儿歌唱得有趣：

一个呀和尚挑呀么挑水喝,两个和尚抬呀么抬水喝,三个和尚没水喝呀没呀没水喝呀,你说这是为什么呀为什么? 为什么那和尚越来越多,为什么那和尚越来越懒惰,为什么那长老也不来说一说呀,睁着眼闭着眼只念阿弥陀佛。大和尚说挑水我挑得最多,二和尚说新来的应该多干活,小和尚说我年幼身体太单薄呀,白胡子的长老说我年老不口渴。

后来,庙里的住持生了气,把3个和尚发配到远处,一人到一座庙,离河边都挺远。他们每天各人下山挑水,只顾自己,气喘吁吁,实在干不动了。于是,大家只好协商来个接力挑水,一人挑一段距离。第一个和尚从河边挑一担水到半路停下来歇息,第二个和尚接着挑水再转给第三个和尚,他负责把水灌到缸里再把空桶传回来再接着挑。结果大家都不累,而水缸很快就满了。

这个故事说明了一个道理,只顾自己,人再多也是一盘散沙;大家团结起来共同参与,谁也渴不着了。这体现了质量管理的第三项原则:"全员参与"。

4. 过程方法

"将活动和相关的资源作为过程管理,可以更高效地得到期望的结果。"

任何一项活动都可以作为一个过程来实施管理。所谓过程是指一组将输入转化为输出的相互关联或互相作用的活动。应用过程方法,可以对诸多过程的系统中的单个过程之间的联系及过程的组合和相互作用进行有效的连续控制,确保每个过程的活动和输入、输出受控。因此,在开展质量管理各项活动中应采用过程方法对活动和相关的资源实施控制,确保每个过程的质量,并高效率地达到预期的效果。

【讨论交流】

扁鹊的医术

魏文王问扁鹊:"你们家兄弟三人,各个都精于医术,到底哪一位是最好的?"扁鹊答道:"大哥最好,二哥次之,我最差。"文王再问:"那么为什么你最出名呢?"扁鹊答:"大哥治病,是治病于病情发作之前。由于一般人不知道他事先能铲除病因,所以他的名气无法传出去;二哥治病,是治病于病情初起之时,一般人认为他只能治轻微的小病,所以他的名气只及本乡里;而我是治病于病情严重之时,一般人都看到我在经脉上穿针管放血、在皮肤上敷药等大手术,所以以为我的医术最高明,结果名气因此传遍全国。"

人的生病是一个过程,对过程的结果进行事后控制不如事中控制,事中控制不如事前控制。凡事要预防为主,对过程实施"源头治理"。可惜许多人都未能体会到这一点,工作重点都放在了事后的监测,而忽略了对源头的控制,结果"蝼蚁之穴,溃千里之堤",这是震惊世界的"三鹿毒奶粉事件"的重要教训之一。

5. 管理的系统方法

"识别、理解并管理作为体系的相互关联的过程,有助于组织实现其目标的效率和有效性。"

产品的质量是掌握顾客的需要、确定技术规范以及产品实现等众多过程结果的综合反映,并且这些过程又是相互关联和相互作用的,每个过程又都会在不同的程度上影响产品质量。要对各个过程系统地实施控制,确保组织的预定目标的实现,就需要建立质量管理体系,运用体系管理的方法,系统地实施各个过程的控制,这样才能有效地和高效率地使产品质量满足顾客的需要和期望。

6. 持续改进

持续改进是一个组织积极寻找改进的机会,努力提高有效性和效率的重要手段,确保不断增强组织的竞争力,使顾客满意。这是组织的各级管理者永恒的目标,也是组织的一个永恒的主题。持续改进作为一种管理理念、组织的价值观,贯穿在质量管理体系的全部活动中。若组织坚持续改进,就能增强组织对改进机会的快速反应,提高组织的业绩,增强竞争能力。

7. 基于事实的决策方法

"有效决策是建立在数据和信息分析的基础上的。"

决策是通过调查研究和分析,确定质量目标并提出实现目标的方案,对可供选择的几个方案进行优选后作出选择的过程。有效的决策必须以充分的数据和真实的信息为基础,以客观事实为依据,往往还需要运用统计技术,分析各种数据和信息之间的逻辑关系,寻找其内在规律,然后对实现预期质量目标的多个方案进行分析比较,才能作出正确抉择。

8. 与供方互利的关系

"组织与其供方是相互依存的,互利的关系可增强双方创造价值的能力。"

任何一个组织都有其供方或合作伙伴。供方或合作伙伴所提供的材料、零部件或服务对组织的最终产品有着重要的影响。供方或合作伙伴提供高质量的材料、零部件或服务将给组织为顾客提供高质量的产品提供保证,最终确保顾客满意。组织的市场扩大,则为供方或合作伙伴增加了提供更多产品的机会,所以组织与供方或合作伙伴是互相依存的。组织与供方的良好合作交流将最终促使组织与供方或合作伙伴增强双方创造价值的能力,优化成本和资源,对市场或顾客的要求联合起来作出灵活快速的反应并最终使双方都获得效益。

【讨论交流】

天堂与地狱的区别

人们自古就传说存在天堂和地狱,做好事的人可以升天堂,而做了坏事的人只能下地狱。张生对此很好奇,总想看看天堂和地狱是什么样子的。一天晚上,张生做了一个梦,梦见决定人生死的判官领着他参观地狱和天堂。在地狱里寒气逼人,见到的都是瘦骨伶仃、饱受饥饿的灵魂。正值开饭时间,只见鬼魂们个个争先恐后、你推我搡地涌向饭桌,手拿三尺长的木勺往嘴里送饭。由于勺子太长,往往掉到地上的比吃到嘴里的多,怪不得一个个骨瘦如柴呢。判官又领张生到天堂参观,只见个个魂灵红光满面,身体健康。其实他们吃的饭菜和地狱里没有什么区别,原因何在呢?张生到食堂里参观,发现这里同样用的是三尺长的勺子。但重大的区别在于每个人用勺子盛饭菜后,不是送往自己的嘴里,而是送到别人的嘴里。由于大家互相帮助,因此,个个丰衣足食、身体健康。

一觉醒来,张生明白了一个道理:人们只有互相帮助、互相关心,才能获得高质量的生活;如果只顾自己,甚至损人利己,则只能下地狱了。这体现了质量管理的第八项原则:"与供方互利的关系"。

八项质理管理原则中每一项原则,既是一项独立的理念与活动,又具有互为依托和互补的系统关系,一旦得到有效的整合与运用,将会对组织质量管理体系的整体效应产生巨大的能量。

(1)"以顾客为关注焦点"的原则,为组织的质量管理体系和其他八项质量管理原则确立了总目标。

(2)"管理的系统方法"为"以顾客为关注焦点"的质量管理体系的建立与改进确立了系统的方法。

(3)"过程方法"为"管理的系统方法"奠定了基础。"过程方法"旨在高效达到过程质量目标;"管理的系统方法"旨在达到组织目标。

(4)"全员参与"为"过程方法""管理的系统方法""持续改进"和"以顾客为关注焦点"的体现提供与创造了资源条件。

(5)"持续改进"为"过程方法""管理的系统方法"和"以顾客为关注焦点"的完善提供了支持。

(6)"基于事实的决策方法"为"领导作用""过程方法""管理的系统方法"

"持续改进"提供了管理与决策思路。

(7)"与供方互利的关系"为"以顾客为关注焦点"的原则提供了资源保证。

(8)"领导作用"是其他七项质量管理原则在组织内得以运用的首要条件。

上述质量管理八项基本原则互为依托,互为补充。最高管理者(领导作用)充分发挥员工的积极性(全员参与),处理好相关方的关系(与供方互利的关系),运用控制论的三个方法(系统方法、过程方法、基于事实的决策方法),最终目的是满足顾客要求(以顾客为关注焦点),达到使组织持续改进的目标(持续改进)。

第2章 质量检验

2.1 质量检验概述

2.1.1 质量检验的概念和功能

在早期的生产经营活动中,生产和检验本来是合二为一的,生产者也就是检验者。后来随着生产的发展,劳动专业分工的细化,检验逐渐从生产过程中分离出来,成为一个独立的职能。生产和检验是一个有机的整体,检验是生产中不可缺少的环节。例如在企业的流水线和自动线生产中,检验本身就是工艺链中一个重要工序,没有检验,生产过程就无法进行。

现代工业生产是一个极其复杂的过程,由于主观和客观因素的影响,特别是客观存在的随机波动,要绝对避免不合格品的产生是难以做到的,因此就存在质量检验的必要性。如果有一个生产系统根本不会产生不合格品,那么质量检验及其相应的职能都可以撤销,实际上这种理想状态的生产系统是不存在的。

在质量管理过程中,除了对生产过程进行严格控制外,还要对过程的结果进行严格的检验。质量检验的目的,一是看生产出的产品是否合格,二是了解相关过程是否稳定。

在国际标准 ISO 9000:2000《质量管理体系——基础和术语》中将"检验"(inspection)定义为"通过观察和判断,适当时结合测量、试验所进行的符合性评价"。

对实体的一种或多种质量特性进行诸如测量、检查、度量、实验,并将结果与规定的质量要求进行比较,以确定各个质量特性的符合性的活动称为质量检验。

　　检验的定义是从长期的生产实践中概括总结出来的,如果将检验的定义分解为检验活动,则检验具有以下功能。

　　1) 定标

　　明确检验的依据,确定检验的手段和方法。

　　2) 抽样

　　采用科学合理的抽样方法,使样本能够充分代表总体(全数检验除外)。

　　3) 度量

　　采用试验、测量、测试、化验、分析以及官能检验等方法,量度产品的质量特性。

　　4) 比较

　　将测量的结果同有效的质量标准进行比较。

　　5) 判定

　　根据比较得出的结论,判定被检验的产品检验项目、产品或一批产品是否符合质量标准。

　　6) 处理

　　根据相关标准规定对不合格品做出相应处理,涉及重要的不合格品管理工作。例如,某单件产品是否可以流入下道工序,或者某产品(或某批产品)是否准予出厂,以及对某批产品决定接收或拒收,或者决定重检和筛选等。

　　7) 记录

　　记录有价值的数据,做出分析报告,为企业自我评价和不断改进提供信息和依据。

　　实现上述质量检验功能必须具备以下 4 个重要条件,也称为质量检验工作的"四大基本要素":

　　(1) 满足实际要求的检测人员;

　　(2) 先进、可靠的检测手段;

　　(3) 明确、有效的检验标准;

　　(4) 科学、严格的检验管理制度。

2.1.2　质量检验的分类

质量检验的类型有很多,按不同的分类标志区分可以得到不同的类型。

1. 按检验对象的数量划分

按检验对象的数量,质量检验可分为全数检验和抽样检验。

1）全数检验

全数检验也可称为"100％检验"，是对一批产品的每一个产品、每一个过程或每一项服务都进行检验，以确定每一个产品是否符合要求。全数检验的缺点是：检验的工作量大，检验的周期长，检验的成本高，要求检验人员和设备较多，存在不可避免的漏检和错检。

全数检验通常应用于下述情况：检验是非破坏性的；检验的项目较少；检验的费用较低；检验的对象是影响质量的关键项目或重要项目；能用自动化方法检验的；有特殊规定的。

2）抽样检验

抽样检验是按统计方法确定抽样方案，从每一批产品中抽取适当数量的部分产品作为样本，对样本中的每一个产品、每一个过程或每一项服务进行检验。通过这样的检验来判别一批产品是否符合要求。抽样检验的主要优点是明显节约了检验工作量和检验费用，缩短了检验周期，减少了检验人员和设备。特别是进行破坏性检验时，只能采取抽样检验的方式。抽样检验的主要缺点是存在一定的错判的风险。例如，将合格批错判为不合格批，或把不合格批错判为合格批。虽然运用数理统计理论在一定程度上减少了错判的风险，提高了判断的可靠性，但是，只要应用抽样检验方式，这种风险就不可能绝对避免。

抽样检验适用于下面几种情况：生产批量大、自动化程度高、质量比较稳定的产品或工序；进行破坏性检验的产品或工序；外协件、外购件成批进货的验收检验；某些生产效率高、检验时间长的产品或工序；检验成本较高的产品或工序；漏检少量不合格品不会引起重大损失的产品或工序。

2. 按工作过程的次序划分

按工作过程的次序分，质量检验可分为进货检验（预先检验）、工序检验（中间检验）和成品检验（最后检验）。

1）进货检验

进货检验即对外购件、外协件的检验（如原材料入厂，同时可以了解供货商、协作者的情况。

2）工序检验

工序检验即在现场进行的对各工序结果的检验。其目的是防止不合格品流入下一道工序，判断工序质量是否正常、稳定，是否满足要求。

3）成品检验

成品检验即对完工的成品在入库前的检验。其目的是防止不合格品出厂对社会、用户产生危害,甚至损害企业利益。成品检验在某种意义上说是最后的质量检验,所以要求比较全面。

3. 按检验的地点划分

1)固定检验

这是指在生产现场设立固定的检验站。这种检验站可以是公共的检验站,各工段、小组或工作现场的产品加工以后,都依次送到检验站去检验;也可以设置在流水线或自动线的工序之间或终端。

在现场设立固定公用的检验站,有优点也有缺点。固定的检验站适于使用某些不便搬动的或精密的计量仪器,有利于建立较好的工作环境,有利于检验工具或设备的使用和管理。但从心理学的观点看,固定的检验站容易引起检验人员与生产工人之间的对立情绪。同时在检验站内,容易造成待检与待检、待检与完检、完检与完检几类零件之间的存放混乱,占用较大的存放面积。所以,是否采用固定式检验,要根据具体情况处理。

2)流动检查

流动检查也称临床检查,就是由检验人员到工作现场去检查。流动检查的优点是有利于加强检验人员与生产工人之间的沟通。检查人员到工作地点去检查,通过友善地指出工人操作中的问题,减少了不合格品的产生,使生产工人体会到检查人员不只是检查工作,而且是在为现场服务,体现了积极的互助合作关系,减少了由于出现废品而造成的经济损失。

此外,质量检验还可以按检验的预防性和按检验由谁进行等来分类。

2.1.3　质量检验的依据

质量检验的重要功能之一是将测试结果同质量标准进行比较,以便做出合格与否的判断。因此,质量标准是质量检验的主要判据。对同一批产品,根据不同水平的质量标准可能做出不同的判断。所以,可以说离开质量标准而言的质量检验是没有实际意义的。从这一点出发,质量检验的过程就是质量标准执行的过程。

质量检验主要依据的标准有以下几类。

1. 技术标准

(1)产品标准。产品标准是指为保证产品的适用性,对产品必须达到的某些或全部要求所制定的标准。通常,产品标准包括对产品结构、规格、质量和检验方法所做的技术规定。产品标准是在一定时期和一定范围内具有约束力的技术准则,包括对产品结构、性能等质量方面的要求,以及对生产过程有关检验、实验、包装、储存和运输等方面的要求。所以在一定意义上说,产品标准也是生产、检验、验收、使用中的维护、合作贸易和质量仲裁的技术依据。

(2) 基础标准。基础标准是指在一定范围内作为其他标准的基础,具有通用性和广泛指导意义的标准。例如,在技术标准中,基础标准包括通用技术语言标准,即技术文件、图纸等所用的术语和符号等;也包括精度和互换性标准,例如公差配合;还包括计量标准、环境条件标准和技术通则标准等。

(3) 安全、卫生与环境标准。其包括环境条件、卫生安全和环境保护等方面的要求。

2. 检验标准

检验标准主要包括检验指导书、检验卡、验收抽样标准等。

3. 管理标准

管理标准就是指企业为了保证和提高产品质量和工作质量,完成质量计划和达到质量目标,企业员工共同遵守的准则。例如:
(1) 质量手册和检验人员工作守则;
(2) 检验工作流程中的规则和制度;
(3) 检验设备和工具的使用、维护制度;
(4) 有关工序控制的管理制度和管理标准;
(5) 有关不合格品的管理制度;
(6) 有关质量检验的信息管理制度等。

2.2　抽样检验

2.2.1　抽样检验的基本概念

1. 抽样检验的定义

从一批产品中随机抽取一部分产品作为样本,对样本中的产品进行检验,根据样本中不合格品的多少或反映的特性,按事先确定的规则对总体(或批)的质量状况作出判断,称为抽样检验。

在实践过程中买卖双方、车间与仓库、工序之间等在进行产品交换时,经常利用抽样检验来判定产品质量,以便确认是否接受产品。抽样检验的样本是取自总体(或批)中的一个或多个个体。样本用于提供关于总体的信息,并作为可能作出对总体的某种判定的基础。例如,我国广播电视部门在每一批电视机中抽取 47 台进行寿命实验,判定该批电视机的平均寿命是否达到规定的指标,这 47 台电视机就构成一个样本。样本中所包含的抽样单位数目称为样本容量。抽样有放回抽样和不放回抽样两种。放回抽样是指抽取并经过检测的个体在抽取其他个体前,放回到总体中;不放回抽样是指抽取并经过检测的个体在抽取其他个体之前,不放回到总体中。

由于抽样检验实质是统计检验,所以可能发生两类错误,即把不合格的判断为合格的而接受,或把合格的判断为不合格的而拒收。虽然抽样检验可能发生两类错误,但是由统计检验的原理,可以把这两种可能控制在一定的概率内。

2. 抽样检验方案

在实践过程中,对产品进行抽样检验,是按确定的抽样检验方案完成的。判断一批产品是否符合要求,是以该批产品不符合要求的产品数量(或不合格率)的多少为依据。如果不符合要求的产品数量(或不合格率)少(小)于规定的数量,则该批产品符合要求(合格);反之,则该批产品不符合要求(不合格)。但在抽样检验过程中,我们无法保证样本的不合格率与总体(或批)的不合格率相等,只能用样本的不合格率与规定的不合格率相比,来判定总体是否合格。而在实际操作过程中是用样本的不合格品数 d 与规定的合格判定数 Ac 和不合格判定数 Re 比较,如果样本不合格品数 d 小于等于合格判定数 Ac,则认为该批产品符合要求;若 d 大于等于不合格判定数 Re,则认为该批产品不符合要求。因此,一个最简单的抽样方案包括样本大小 n、合格判定数 Ac、不合格判定数 Re 三个因素,通常用 (n, c) 表示。

最简单的抽样检验方案是一次抽样方案,复杂的有二次抽样(简写为 n_1、n_2、c_1、c_2)及多次抽样方案。其中计数一次抽检过程见图 2-1,计数二次抽检过程见图 2-2。

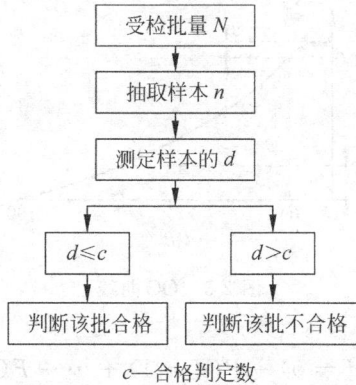

图 2-1   计数一次抽检过程

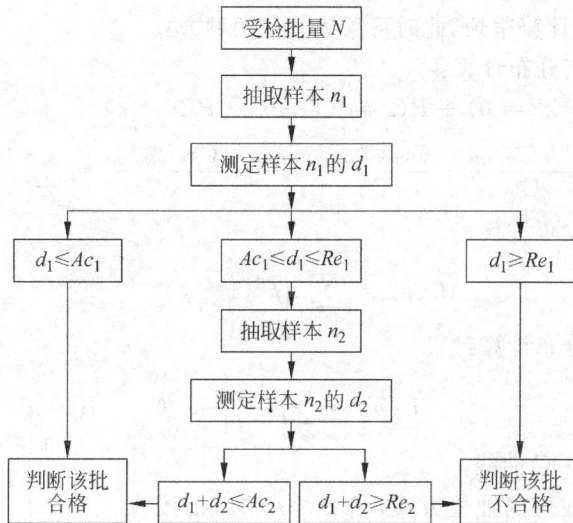

图 2-2   计数二次抽检过程

3. 抽样方案的抽检特性曲线——OC 曲线（operating characteristic）

1）OC 曲线

抽检特性是指抽样方案对产品质量的分辨力。对于抽样方案,表示接收概率 $L(p)$ 与批实际不合格品率 p 的函数关系曲线称为抽样方案的抽检特性曲线,简称 OC 曲线,如图 2-3 所示。

$L(p)$ 为批接收概率,是指按确定的抽样方案 (n,c),把检验的批产品判断为合格而接收的概率。它是批产品不合格率 p 的函数:

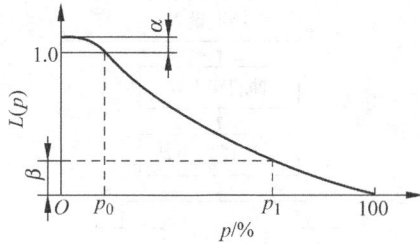

图 2-3　OC 曲线

$$L(p) = p(d \leqslant c) + P(d = 0) + P(d = 1) + \cdots + P(d = c) = \sum_{d=0}^{c} P(x = d)$$

批接收概率 $L(p)$ 可以采用超几何分布、二项分布和泊松分布来得到。至于采取哪种方式计算,要结合实际情况来选择。采用超几何计算结果精确,但当 N 与 n 较大时,计算很烦,此时可采用其他两种方式。

采用超几何分布计算:

$$L(p) = P(x = 0) + P(x = 1) + \cdots + P(x = c)$$

$$= \frac{C_{NP}^0 C_{N-NP}^{n-0}}{C_N^n} + \frac{C_{NP}^1 C_{N-NP}^{n-1}}{C_N^n} + \cdots + \frac{C_{NP}^n C_{N-NP}^{n-1}}{C_N^n} = \sum_{d=0}^{c} \frac{C_{NP}^d C_{N-NP}^{n-d}}{C_N^n}$$

采用二项分布计算:

$$L(p) = \sum_{d=0}^{c} c_n^d p^d (1-p)^{n=d}$$

采用泊松分布计算:

$$L(p) = \sum_{d=0}^{c} \frac{(pn)^d}{d!} e^{-np}$$

2) 理想的 OC 曲线

对于一个理想的抽检方案,当 $P \leqslant p_1$ 时,批接收概率 $L(p) = 1$,即该批产品应以 100% 的概率接收;当 $P \geqslant p_1$ 时,批接收概率 $L(p) = 0$,即该批产品应以 100% 的概率拒收。对应的理想 OC 曲线应是阶跃形,如图 2-4 所示。但理想的抽检方案是不存在的,这种理想的抽检方案就是全数检验,而不是抽样检验了。

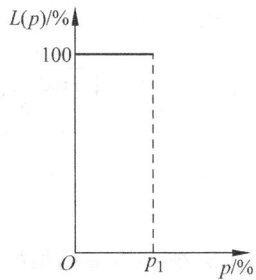

图 2-4　理想 OC 曲线

2.2.2　抽样方案设计

1. 计数标准型抽样方案

进行抽样检验时,对生产方来说,希望所确定的抽样方案对自己的产品拒收的概率小,这个概率按国际惯例用 α 表示,$\alpha = 1 - L(p_0)$,在生产实际应用过程中,生产风险 α 可以取 1%、5%;对于使用方来说,如果不合格品率 $p = 100\%$,才有 $L(p) = 0$,即 100% 拒收,否则就有将不合格判定为合格而接收的可能,就是说使用者存在着风险,这一风险按国际惯例用 β 表示,$\beta = L(p_1)$,在生产实际应用过程中,使用者风险 β 可以取 5%、10%。上述的 p_0、p_1 分别是 α、β 相对应的批不合格批率。它们之间的关系如图 2-5 所示。

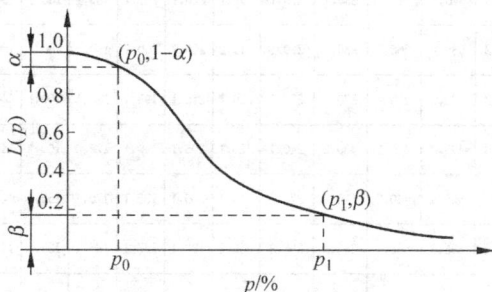

图 2-5　α、β 之间的关系图

对于一个标准型的抽样方案来说,它的 OC 曲线一定通过 $(p_0, 1-\alpha)$ 和 (p_1, β) 两点,而通过解联点方程,就可以得到样本的大小 n 和合格判定数 c。而在实际应用过程中,我们可以通过查表得到抽样方案 (n, c),见表 2-1 不合格品率计数标准型一次抽样方案。

计数标准型一次抽样方案的步骤如下:

(1) 确定 p_0 和 p_1 的值。p_0 和 p_1 的值需由生产方和接收方(使用者)共同协商确定。通常取 $p_1 = (4 \sim 10) p_0$,如果太大就会增加接收方的风险。

(2) 组成检验批。即同一批内的产品,应是在同一条件下生产制造出来的。

(3) 确定抽检方案。由确定的 p_0 和 p_1,在表 2-1 中查找 p_0 所在的行和 p_1 所在的列,行和列的交叉格中的数就是我们要确定的样本大小 n 和合格判定数 c,其中左边的数为 n,右边的数为 c。

例 2-1　设 $p_0 = 3$,$p_1 = 9$,$\alpha = 5\%$,$\beta = 10\%$,确定计数标准型一次抽样方案。

解:由表 2-1 可知,在 $p_0 = 3$ 所在的行区间找到 $p_1 = 9$ 所在的列,由交叉格中的数据 155,8 可知 $n = 155$,$c = 8$,即抽检方案为 $(155, 8)$。

如交叉格为空白,则需要生产方和接收方(使用者)再次协商。

标准型抽样检验方案可以用于任何供检验的产品批,它不考虑检验批生产制造过程的情况,常用于对孤立批的检验验收。表 2-1 引自 GB/T 13262—1991 《不合格品率的计数标准型一次抽样检查程序及抽样表》。

表 2-1　不合格品率计数标准型一次抽样方案

$p_0/\%$ ＼ $p_1/\%$	0.75	0.85	0.95	1.05	1.20	1.30	1.50	1.70	1.90	2.10	2.40	2.60	3.00	3.40	3.80	4.20	4.80
0.095	750,2	425,1	395,1	370,1	345,1	315,1	280,1	250,1	225,1	210,1	185,1	160,1	68,0	64,0	58,0	54,0	49,0
0.105	730,2	665,2	380,1	355,1	330,1	310,1	275,1	250,1	225,1	200,1	185,1	160,1	150,1	60,0	56,0	52,0	48,0
0.120	700,2	650,2	595,2	340,1	320,1	295,1	275,1	245,1	220,1	200,1	180,1	160,1	150,1	130,1	54,0	50,0	46,0
0.130	930,3	625,2	580,2	535,2	305,1	285,1	260,1	240,2	220,1	200,1	180,1	160,1	150,1	130,1	115,1	48,0	45,0
0.150	900,3	820,3	545,2	520,2	475,2	270,1	250,1	230,1	215,1	195,1	175,1	160,1	140,1	130,1	115,1	100,1	43,0
0.170	1105,4	795,3	740,3	495,2	470,2	430,2	240,1	220,1	205,1	190,1	175,0	160,1	140,1	125,1	115,1	100,1	92,1
0.190	1295,5	980,4	710,3	665,3	440,2	415,2	370,2	210,1	200,1	185,1	170,1	155,1	140,1	125,1	115,1	100,1	92,1
0.210	1445,6	1135,5	875,4	635,3	595,3	385,2	365,2	330,2	190,1	175,1	165,1	155,1	140,1	125,1	115,1	100,1	92,1
0.240	1620,7	1305,6	1015,5	785,4	570,3	525,3	350,2	325,2	300,2	170,1	160,1	145,1	135,1	125,1	115,1	100,1	90,1
0.260	1750,8	1435,7	1165,6	910,5	705,4	510,3	465,3	310,2	290,2	265,2	150,1	140,1	130,1	120,1	110,1	100,1	90,1
0.300	2055,10	1545,8	1275,7	1025,6	810,5	625,4	450,3	410,3	275,2	260,2	240,2	135,1	125,1	115,1	110,1	98,1	88,1
0.340		1850,10	1385,8	1145,7	920,6	725,5	555,4	400,3	365,2	250,2	230,2	210,2	120,1	110,1	105,1	96,1	86,1
0.380			1630,10	1235,8	1025,7	820,6	640,5	490,4	355,3	330,3	220,2	205,2	190,2	110,1	100,1	92,1	86,1
0.420				1450,10	1100,8	910,7	725,6	565,5	440,4	315,3	295,3	195,2	180,2	165,2	95,1	88,1	82,1
0.480					1300,10	985,8	810,7	545,5	505,5	390,4	285,3	160,3	175,2	165,2	150,2	84,1	80,1
0.530						1165,10	875,8	715,7	495,5	454,5	350,4	255,3	230,3	155,2	145,2	135,2	76,1
0.600							1035,10	770,8	640,7	435,5	405,5	310,4	225,3	205,3	1401,2	125,2	115,2
0.670								710,10	690,8	570,7	390,5	360,5	275,4	200,3	185,3	125,2	115,2
0.750									815,10	620,8	510,7	350,5	320,5	250,4	180,3	165,3	110,2
0.850										390,5	550,8	455,7	310,5	285,5	220,4	160,3	145,3
0.950											650,10	490,8	405,7	275,5	255,5	195,4	104,3
$p_0/\%$ ~ $p_1/\%$	0.71 ~ 0.80	0.81 ~ 0.90	0.91 ~ 1.00	1.01 ~ 1.12	1.13 ~ 1.25	1.26 ~ 1.40	1.41 ~ 1.60	1.61 ~ 1.80	1.81 ~ 2.00	2.01 ~ 2.24	2.25 ~ 2.50	2.51 ~ 2.80	2.81 ~ 3.15	3.16 ~ 3.55	3.56 ~ 4.00	4.01 ~ 4.50	4.51 ~ 5.00

5.30	6.00	6.70	7.5	8.50	9.50	10.5	12.0	13.0	15.0	17.0	19.0	21.0	24.0	26.0	30.0	34.0	p_1/%
																	p_0/%
45,0	41,0	37,0	33,0	30,1	27,0	24,0	22,0	19,0	17,0	15,0	13,0	11,0	10,0	9,0	8,0	7,0	0.091~0.100
44,0	40,0	37,0	33,0	29,0	27,0	24,0	21,0	19,0	17,0	15,0	13,0	11,0	10,0	9,0	7,0	7,0	0.101~0.112
43,0	39,0	36,0	33,0	29,0	26,0	24,0	21,0	19,0	17,0	15,0	13,0	11,0	10,0	9,0	7,0	7,0	0.113~0.125
41,0	38,0	35,0	32,0	29,0	26,0	23,0	21,0	19,0	17,0	15,0	13,0	11,0	10,0	9,0	7,0	6,0	0.126~0.140
40,0	37,0	33,0	31,0	28,0	26,0	23,0	21,0	19,0	16,0	15,0	13,0	11,0	10,0	9,0	7,0	6,0	0.141~0.160
38,0	35,0	33,0	30,0	27,0	25,0	23,0	21,0	18,0	16,0	15,0	13,0	11,0	10,0	9,0	7,0	6,0	0.161~0.180
82,1	34,0	31,0	29,0	26,0	24,0	22,0	21,0	18,0	16,0	14,0	13,0	11,0	10,0	9,0	7,0	6,0	0.181~0.200
82,1	72,1	30,0	28,0	25,0	23,0	22,0	20,0	18,0	16,0	14,0	13,0	11,0	10,0	9,0	7,0	6,0	0.201~0.224
82,1	72,1	64,1	27,0	25,0	23,0	21,0	19,0	18,0	16,0	14,0	12,0	11,0	10,0	9,0	7,0	6,0	0.225~0.250
80,1	72,1	64,1	56,1	24,0	22,0	20,0	19,0	17,0	16,0	14,0	12,0	11,0	10,0	9,0	7,0	6,0	0.251~0.280
80,1	70,1	64,1	56,1	50,1	21,0	19,0	18,0	17,0	15,0	14,0	12,0	11,0	10,0	9,0	7,0	6,0	0.281~0.315
80,1	70,1	62,1	56,1	50,1	45,1	19,0	17,0	16,0	15,0	13,0	12,0	11,0	10,0	9,0	7,0	6,0	0.316~0.355
78,1	70,1	62,1	56,1	50,1	45,1	40,1	17,0	15,0	14,0	13,0	12,0	11,0	10,0	9,0	7,0	6,0	0.356~0.400
76,1	68,1	62,1	56,1	49,1	45,1	40,1	35,1	15,0	14,0	12,0	11,0	10,0	9,0	8,0	7,0	6,0	0.401~0.450
74,1	68,1	62,1	56,1	49,1	44,1	40,1	35,1	31,1	13,0	12,0	11,0	10,0	9,0	8,0	7,0	6,0	0.451~0.500
70,1	64,1	60,1	54,1	49,1	44,1	39,1	35,1	31,1	28,1	11,0	11,0	10,0	9,0	8,0	7,0	6,0	0.501~0.560
68,1	62,1	58,1	54,1	48,1	44,1	39,1	35,1	31,1	27,1	24,1	10,0	9,0	9,0	8,0	7,0	6,0	0.561~0.630
405,2	59,1	56,1	52,1	47,1	43,1	39,1	35,1	31,1	27,1	24,1	21,1	9,0	8,0	8,0	7,0	6,0	0.631~0.710
105,2	94,2	54,1	49,1	46,1	42,1	38,1	35,1	31,1	27,1	24,1	21,1	19,1	8,0	8,0	7,0	6,0	0.711~0.800
100,2	90,2	84,2	47,1	44,1	40,1	38,1	34,1	31,1	27,1	24,1	21,1	19,1	17,1	7,0	7,0	6,0	0.801~0.900
130,3	86,2	82,2	74,2	42,1	39,1	36,1	34,1	30,1	27,1	24,1	21,1	19,1	17,1	15,1	6,0	6,0	0.901~1.00
5.01~5.60	5.61~6.30	6.31~7.10	7.11~8.00	8.01~9.00	9.01~10.0	10.1~11.2	11.3~12.5	12.6~14.0	14.1~16.0	16.1~18.0	18.1~20.0	20.1~22.4	22.5~25.0	25.1~28.0	31.6~35.5	31.6~35.5	p_0/%

$p_1/\%$ \ $p_0/\%$	0.75	0.85	0.95	1.05	1.20	1.30	1.50	1.70	1.90	2.10	2.40	2.60	3.00	3.40	3.80	4.20	4.80
1.05												580,10	435,8	360,7	245,5	225,5	175,4
1.20												715,13	515,10	390,8	280,6	220,5	165,4
1.30													635,13	465,10	350,8	250,6	195,5
1.50													825,18	565,13	410,10	310,8	220,6
1.70														745,18	505,13	360,10	275,8
1.90															660,18	445,13	325,10
2.10																585,18	400,13
2.40																	520,18
2.60																	
3.00																	
3.40																	
3.80																	
4.20																	
4.80																	
5.30																	
6.00																	
6.70																	
7.50																	
8.50																	
9.50																	
10.50																	
$p_0/\%$ ~ $p_1/\%$	0.71~0.80	0.81~0.90	0.91~1.00	1.01~1.12	1.13~1.25	1.26~1.40	1.41~1.60	1.61~1.80	1.81~2.00	2.01~2.24	2.25~2.50	2.51~2.80	2.81~3.15	3.16~3.55	3.56~4.00	4.01~4.50	4.51~5.00

续表

5.30	6.00	6.70	7.50	8.50	9.50	10.5	12.0	13.0	15.0	17.0	19.0	21.0	24.0	26.0	30.0	34.0	p_1/% \ p_0/%
125,3	115,3	78,2	72,2	64,2	37,1	35,1	32,1	30,1	27,1	23,1	21,1	19,1	17,1	15,1	6,0	6,0	1.01~1.12
155,4	115,3	105,3	70,2	64,2	58,2	33,1	31,1	29,1	26,1	23,1	21,1	18,1	17,1	15,1	6,0	6,0	1.13~1.25
150,4	135,4	100,3	66,2	62,2	58,2	52,2	30,1	28,1	25,1	23,1	21,1	18,1	161,1	15,1	13,1	5,0	1.26~1.40
175,5	130,4	120,4	90,3	58,2	54,2	50,2	47,2	26,1	24,1	21,1	20,1	18,1	16,1	14,1	13,1	5,0	1.41~1.60
195,6	155,5	115,4	110,4	78,3	52,2	49,2	45,2	47,2	23,1	21,1	20,1	18,1	16,1	14,1	13,1	11,1	1.61~1.80
245,8	175,5	140,5	105,4	95,4	70,3	47,2	44,2	41,2	36,2	21,1	19,1	18,1	16,1	14,1	13,1	11,1	1.81~2.00
290,10	220,8	155,6	125,5	95,4	86,4	62,3	42,2	39,2	36,2	32,2	18,1	17,1	16,1	14,1	13,1	11,1	2.01~2.24
360,13	260,10	195,8	140,6	110,5	84,4	76,4	56,3	37,2	34,2	31,2	28,2	16,1	15,1	14,1	12,1	11,1	2.25~2.50
470,18	320,13	230,10	175,8	125,6	100,5	74,4	54,3	50,3	33,2	30,2	28,2	25,2	15,1	13,1	12,1	11,1	2.51~2.80
	415,18	280,13	205,10	155,8	110,6	86,5	66,4	48,3	44,3	29,2	27,2	25,2	22,2	13,1	12,1	11,1	2.81~3.15
		350,17	250,13	180,10	140,8	100,6	78,5	60,4	42,3	39,3	26,2	24,2	22,2	20,2	11,1	10,1	3.16~3.55
		310,17	225,13	165,10	1258,8	90,6	70,5	52,4	37,3	35,3	23,2	21,2	20,2	17,2	10,1		3.56~4.00
			275,17	200,13	145,10	110,8	78,6	62,5	46,4	33,3	31,3	20,2	19,2	17,2	10,1		4.01~4.50
				245,17	180,13	130,10	100,8	70,6	54,5	41,4	30,3	28,3	18,2	17,2	15,2		4.51~5.00
					220,17	160,13	115,10	86,8	62,6	48,5	37,4	27,3	25,3	16,2	15,2		5.01~5.60
						195,17	140,13	100,10	68,7	54,6	43,5	33,4	23,3	23,3	14,2		5.61~6.30
							175,17	120,12	82,9	60,7	48,6	38,5	29,4	21,3	14,2		6.31~7.10
								150,16	105,12	74,9	54,7	44,6	34,5	26,4	18,3		7.11~8.00
									130,16	90,12	66,9	48,7	39,6	30,5	23,4		8.01~9.00
										115,16	82,12	58,9	43,7	34,6	27,5		9.01~10.0
											105,16	74,12	52,9	38,7	26,5		10.1~11.2
5.01	5.61	6.31	7.11	8.01	9.01	10.1	11.3	12.6	14.1	16.1	18.1	20.1	22.5	25.1	28.1	31.6	p_0/%
~	~	~	~	~	~	~	~	~	~	~	~	~	~	~	~	~	
5.60	6.30	7.10	8.00	9.00	10.0	11.2	12.5	14.0	16.0	18.0	20.0	22.4	25.0	28.0	31.5	35.5	p_1/%

2.计数调整型抽样方案

计数调整型抽样方案的特点,就是对具有一定要求的交验批,不是固定地采用某一种检验方案,而是根据交验产品质量的实际情况,采用一组正常、加严和放宽三个严格要求程度不同的方案,并且用一套转换规则把它们有机地联系起来。在一般情况下,使用正常检验方案,当发现产品质量水平下降时,转换到采用加严检查方案;当抽样检查结果表明产品质量有明显提高时,转换到采用放宽检查方案;如果发现产品质量下降到某种规定程度时,就要停止检验,直到采取措施确认生产过程恢复到控制状态,而且产品质量达到质量规格要求后,才能重新开始采用抽样检验。

1) 可以接受的质量水平

可以接受的质量水平(acceptable quality level,AQL)是指生产方和接受方共同认为可以接受的不合格品率(或每百单位的缺陷数)上限。AQL 值在 10.0及以下的,表示百分不合格品率或每百单位的缺陷数;超过 10.0 的只表示每百单位的缺陷数。

2) 检查水平

ISO 2859 规定了 3 个一般检查水平——Ⅰ、Ⅱ、Ⅲ和 4 个特殊检查水平——S-1、S-2、S-3、S-4。它与检查的宽严程度没有关系。如无特殊要求,采用一般检查水平Ⅱ,即正常检查水平;但检查费用较高或允许降低抽样的鉴别能力时,可采用一般检查水平Ⅰ;当检查费用较低或需要提高抽样的鉴别能力时,可采用一般检查水平Ⅲ。特殊检查水平一般用于破坏性检查,或产品及检验费用高的情况;特殊检查水平的样本量较少,所以又称小样本。检查水平见表 2-2样本量字码表。

表 2-2　样本量字码表

批量大小 N	特殊检查水平				一般检查水平		
	S-1	S-2	S-3	S-4	Ⅰ	Ⅱ	Ⅲ
2~8	A	A	A	A	A	A	B
9~15	A	A	A	A	A	B	C
16~25	A	A	B	B	B	C	D
26~50	A	B	B	C	C	D	E
51~90	B	B	C	C	C	E	F
91~150	B	B	C	D	D	F	G
151~280	B	C	D	E	E	G	H

续表

批量大小 N	特殊检查水平				一般检查水平		
	S-1	S-2	S-3	S-4	Ⅰ	Ⅱ	Ⅲ
281～500	B	C	D	E	F	H	J
501～1200	C	C	E	F	G	J	K
1201～3200	C	D	E	G	H	K	L
3201～10 000	C	D	F	G	J	L	M
10 001～35 000	C	D	F	H	K	M	N
35 001～150 000	D	E	G	J	L	N	P
150 001～500 000	D	E	G	J	M	P	Q
500 001 以上	D	E	H	K	N	Q	R

3）抽样方案的确定

抽样方案的确定就是确定样本大小 n、抽样合格判定数 Ac 和抽样不合格判定数 Re。其实施程序如下：

（1）规定产品的质量标准。区分合格与否以及不合格的等级。

（2）确定检查水平。检查水平的确定结合实际并参考本节前面所述。

（3）规定 AQL。AQL 可以按顾客的质量要求、检验的项目或与生产者协商来确定。

（4）确定抽样方案的类型。一般是指进行一次抽样还是二次抽样。

（5）确定样本量字码。根据检验的批量和检验水平来确定，利用表 2-2 样本量字码表，找到批量 N 所在的行，检验水平所在的列，确定的行和列的交叉栏的文字即样本字码。样本量字码共有 A、B、C、D 直到 R（除了 I 和 O）共 16 个字母。

4）确定抽样方案

（1）一次抽样。表 2-3 为一次正常检查抽样方案，表 2-4 为一次放宽检查抽样方案，表 2-5 为一次加严检查抽样方案。由样本量字码确定对应的样本大小 n，样本量字码所在的行与 AQL 所在的列相交的格中有两个数，其中左边的为合格判定数 Ac，右边的为不合格判定数 Re。但如果交叉格中是箭头，则按箭头指向查找 Ac 和 Re，直到找到为止。

（2）二次抽样。表 2-6 为二次放宽检查抽样方案，表 2-7 为二次正常检查抽样方案，表 2-8 为二次加严检查抽样方案。由样本量字码确定对应的样本大小 n_1（第一个样本大小）和 n_2（第二个样本大小），在样本量字码所在的行与 AQL 所在的列相交的格中找到第一合格判定数 Ac_1、第一不合格判定数 Re_1、第二合格判定数 Ac_2 和第二不合格判定数 Re_2。表 2-9 为放宽检验的界限数表。

表 2-3　一次正常检查抽样方案（主表）

合格质量水平(AQL)(正常检查)

试样字码	试样大小	0.010	0.015	0.025	0.040	0.065	0.10	0.15	0.25	0.40	0.65	1.0	1.5	2.5	4.0	6.5	10	15	25	40	65	100	150	250	400	650	1000
		Ac Re	Ac Re	Ac Re	Ac Re	Ac Re	Ac Re	Ac Re	Ac Re	Ac Re	Ac Re	Ac Re	Ac Re	Ac Re	Ac Re	Ac Re	Ac Re	Ac Re	Ac Re	Ac Re	Ac Re	Ac Re	Ac Re	Ac Re	Ac Re	Ac Re	Ac Re
A	2	↓	↓	↓	↓	↓	↓	↓	↓	↓	↓	↓	↓	↓	↓	↓	↓	0 1	1 2	2 3	3 4	5 6	7 8	10 11	14 15	21 22	30 31
B	3	↓	↓	↓	↓	↓	↓	↓	↓	↓	↓	↓	↓	↓	↓	↓	0 1	1 2	2 3	3 4	5 6	7 8	10 11	14 15	21 22	30 31	44 45
C	5	↓	↓	↓	↓	↓	↓	↓	↓	↓	↓	↓	↓	↓	↓	0 1	1 2	2 3	3 4	5 6	7 8	10 11	14 15	21 22	30 31	44 45	↑
D	8	↓	↓	↓	↓	↓	↓	↓	↓	↓	↓	↓	↓	↓	0 1	1 2	2 3	3 4	5 6	7 8	10 11	14 15	21 22	30 31	44 45	↑	↑
E	13	↓	↓	↓	↓	↓	↓	↓	↓	↓	↓	↓	↓	0 1	1 2	2 3	3 4	5 6	7 8	10 11	14 15	21 22	30 31	44 45	↑	↑	↑
F	20	↓	↓	↓	↓	↓	↓	↓	↓	↓	↓	↓	0 1	1 2	2 3	3 4	5 6	7 8	10 11	14 15	21 22	30 31	44 45	↑	↑	↑	↑
G	32	↓	↓	↓	↓	↓	↓	↓	↓	↓	↓	0 1	1 2	2 3	3 4	5 6	7 8	10 11	14 15	21 22	30 31	44 45	↑	↑	↑	↑	↑
H	50	↓	↓	↓	↓	↓	↓	↓	↓	↓	0 1	1 2	2 3	3 4	5 6	7 8	10 11	14 15	21 22	30 31	44 45	↑	↑	↑	↑	↑	↑
J	80	↓	↓	↓	↓	↓	↓	↓	↓	0 1	1 2	2 3	3 4	5 6	7 8	10 11	14 15	21 22	30 31	44 45	↑	↑	↑	↑	↑	↑	↑
K	125	↓	↓	↓	↓	↓	↓	↓	0 1	1 2	2 3	3 4	5 6	7 8	10 11	14 15	21 22	30 31	44 45	↑	↑	↑	↑	↑	↑	↑	↑
L	200	↓	↓	↓	↓	↓	↓	0 1	1 2	2 3	3 4	5 6	7 8	10 11	14 15	21 22	30 31	44 45	↑	↑	↑	↑	↑	↑	↑	↑	↑
M	315	↓	↓	↓	↓	↓	0 1	1 2	2 3	3 4	5 6	7 8	10 11	14 15	21 22	30 31	44 45	↑	↑	↑	↑	↑	↑	↑	↑	↑	↑
N	500	↓	↓	↓	↓	0 1	1 2	2 3	3 4	5 6	7 8	10 11	14 15	21 22	30 31	44 45	↑	↑	↑	↑	↑	↑	↑	↑	↑	↑	↑
P	800	↓	↓	↓	0 1	1 2	2 3	3 4	5 6	7 8	10 11	14 15	21 22	30 31	44 45	↑	↑	↑	↑	↑	↑	↑	↑	↑	↑	↑	↑
Q	1250	↓	↓	0 1	1 2	2 3	3 4	5 6	7 8	10 11	14 15	21 22	30 31	44 45	↑	↑	↑	↑	↑	↑	↑	↑	↑	↑	↑	↑	↑
R	2000	↓	0 1	1 2	2 3	3 4	5 6	7 8	10 11	14 15	21 22	30 31	44 45	↑	↑	↑	↑	↑	↑	↑	↑	↑	↑	↑	↑	↑	↑

↓：用箭头下面的第一抽样方式。如果试样大小等于或超过批量，则进行全数检查。

↑：用箭头上面的第一抽样方式。

Ac：合格判定数。

Re：不合格判定数。

表 2-4　一次放宽检查抽样方案（主表）

合格质量水平(AQL)(放宽检查)

下表各合格质量水平列中每格填写 Ac（合格判定数）与 Re（不合格判定数）两个数；"↓"、"↑" 为箭头。

试样字码	试样大小	0.010	0.015	0.025	0.040	0.065	0.10	0.15	0.25	0.40	0.65	1.0	1.5	2.5	4.0	6.5	10	15	25	40	65	100	150	250	400	650	1000
A	2	↓	↓	↓	↓	↓	↓	↓	↓	↓	↓	↓	↓	↓	↓	↓	↓	↓	↓	0 1	0 2	1 3	1 4	2 5	3 6	5 8	7 10
B	2	↓	↓	↓	↓	↓	↓	↓	↓	↓	↓	↓	↓	↓	↓	↓	↓	↓	0 1	0 2	1 3	1 4	2 5	3 6	5 8	7 10	10 13
C	2	↓	↓	↓	↓	↓	↓	↓	↓	↓	↓	↓	↓	↓	↓	↓	↓	0 1	0 2	1 3	1 4	2 5	3 6	5 8	7 10	10 13	14 17
D	3	↓	↓	↓	↓	↓	↓	↓	↓	↓	↓	↓	↓	↓	↓	↓	0 1	0 2	1 3	1 4	2 5	3 6	5 8	7 10	10 13	14 17	21 24
E	5	↓	↓	↓	↓	↓	↓	↓	↓	↓	↓	↓	↓	↓	↓	0 1	0 2	1 3	1 4	2 5	3 6	5 8	7 10	10 13	14 17	21 24	30 31
F	8	↓	↓	↓	↓	↓	↓	↓	↓	↓	↓	↓	↓	↓	0 1	0 2	1 3	1 4	2 5	3 6	5 8	7 10	10 13	14 17	21 24	30 31	↑
G	13	↓	↓	↓	↓	↓	↓	↓	↓	↓	↓	↓	↓	0 1	0 2	1 3	1 4	2 5	3 6	5 8	7 10	10 13	14 17	21 24	30 31	↑	↑
H	20	↓	↓	↓	↓	↓	↓	↓	↓	↓	↓	↓	0 1	0 2	1 3	1 4	2 5	3 6	5 8	7 10	10 13	14 17	21 24	30 31	↑	↑	↑
J	32	↓	↓	↓	↓	↓	↓	↓	↓	↓	↓	0 1	0 2	1 3	1 4	2 5	3 6	5 8	7 10	10 13	14 17	21 24	30 31	↑	↑	↑	↑
K	50	↓	↓	↓	↓	↓	↓	↓	↓	↓	0 1	0 2	1 3	1 4	2 5	3 6	5 8	7 10	10 13	14 17	21 24	30 31	↑	↑	↑	↑	↑
L	80	↓	↓	↓	↓	↓	↓	↓	↓	0 1	0 2	1 3	1 4	2 5	3 6	5 8	7 10	10 13	14 17	21 24	30 31	↑	↑	↑	↑	↑	↑
M	125	↓	↓	↓	↓	↓	↓	↓	0 1	0 2	1 3	1 4	2 5	3 6	5 8	7 10	10 13	14 17	21 24	30 31	↑	↑	↑	↑	↑	↑	↑
N	200	↓	↓	↓	↓	↓	↓	0 1	0 2	1 3	1 4	2 5	3 6	5 8	7 10	10 13	14 17	21 24	30 31	↑	↑	↑	↑	↑	↑	↑	↑
P	315	↓	↓	↓	↓	↓	0 1	0 2	1 3	1 4	2 5	3 6	5 8	7 10	10 13	14 17	21 24	30 31	↑	↑	↑	↑	↑	↑	↑	↑	↑
Q	500	↓	↓	↓	↓	0 1	0 2	1 3	1 4	2 5	3 6	5 8	7 10	10 13	14 17	21 24	30 31	↑	↑	↑	↑	↑	↑	↑	↑	↑	↑
R	800	↓	↓	↓	0 1	0 2	1 3	1 4	2 5	3 6	5 8	7 10	10 13	14 17	21 24	30 31	↑	↑	↑	↑	↑	↑	↑	↑	↑	↑	↑

↓ : 用箭头下面的第一抽样方式。如果试样大小等于或超过批量，进行全数检查。
↑ : 用箭头上面的第一抽样方式。
Ac : 合格判定数。
Re : 不合格判定数。
如果试样的不合格数超过了合格判定数而未达到不合格判定数时，判定该批合格，但从下批开始回到正常检查。

表 2-5　一次加严检查抽样方案（主表）

合格质量水平（AQL）（加严检查）

下表各单元格中数值以 "Ac　Re" 表示（Ac：合格判定数；Re：不合格判定数）；↓ 表示用箭头下面的第一个抽样方案，↑ 表示用箭头上面的第一个抽样方案。

试样字码	试样大小	0.010	0.015	0.025	0.040	0.065	0.10	0.15	0.25	0.40	0.65	1.0	1.5	2.5	4.0	6.5	10	15	25	40	65	100	150	250	400	650	1000
A	2	↓	↓	↓	↓	↓	↓	↓	↓	↓	↓	↓	↓	↓	↓	↓	↓	↓	0 1	1 2	2 3	3 4	5 6	8 9	12 13	18 19	27 28
B	3	↓	↓	↓	↓	↓	↓	↓	↓	↓	↓	↓	↓	↓	↓	↓	↓	0 1	1 2	2 3	3 4	5 6	8 9	12 13	18 19	27 28	41 42
C	5	↓	↓	↓	↓	↓	↓	↓	↓	↓	↓	↓	↓	↓	↓	↓	0 1	1 2	2 3	3 4	5 6	8 9	12 13	18 19	27 28	41 42	↑
D	8	↓	↓	↓	↓	↓	↓	↓	↓	↓	↓	↓	↓	↓	↓	0 1	1 2	2 3	3 4	5 6	8 9	12 13	18 19	27 28	41 42	↑	↑
E	13	↓	↓	↓	↓	↓	↓	↓	↓	↓	↓	↓	↓	↓	0 1	1 2	2 3	3 4	5 6	8 9	12 13	18 19	27 28	41 42	↑	↑	↑
F	20	↓	↓	↓	↓	↓	↓	↓	↓	↓	↓	↓	↓	0 1	1 2	2 3	3 4	5 6	8 9	12 13	18 19	27 28	41 42	↑	↑	↑	↑
G	32	↓	↓	↓	↓	↓	↓	↓	↓	↓	↓	↓	0 1	1 2	2 3	3 4	5 6	8 9	12 13	18 19	27 28	41 42	↑	↑	↑	↑	↑
H	50	↓	↓	↓	↓	↓	↓	↓	↓	↓	↓	0 1	1 2	2 3	3 4	5 6	8 9	12 13	18 19	27 28	41 42	↑	↑	↑	↑	↑	↑
J	80	↓	↓	↓	↓	↓	↓	↓	↓	↓	0 1	1 2	2 3	3 4	5 6	8 9	12 13	18 19	27 28	41 42	↑	↑	↑	↑	↑	↑	↑
K	125	↓	↓	↓	↓	↓	↓	↓	↓	0 1	1 2	2 3	3 4	5 6	8 9	12 13	18 19	27 28	41 42	↑	↑	↑	↑	↑	↑	↑	↑
L	200	↓	↓	↓	↓	↓	↓	↓	0 1	1 2	2 3	3 4	5 6	8 9	12 13	18 19	27 28	41 42	↑	↑	↑	↑	↑	↑	↑	↑	↑
M	315	↓	↓	↓	↓	↓	↓	0 1	1 2	2 3	3 4	5 6	8 9	12 13	18 19	27 28	41 42	↑	↑	↑	↑	↑	↑	↑	↑	↑	↑
N	500	↓	↓	↓	↓	↓	0 1	1 2	2 3	3 4	5 6	8 9	12 13	18 19	27 28	41 42	↑	↑	↑	↑	↑	↑	↑	↑	↑	↑	↑
P	800	↓	↓	↓	↓	0 1	1 2	2 3	3 4	5 6	8 9	12 13	18 19	27 28	41 42	↑	↑	↑	↑	↑	↑	↑	↑	↑	↑	↑	↑
Q	1250	↓	↓	↓	0 1	1 2	2 3	3 4	5 6	8 9	12 13	18 19	27 28	41 42	↑	↑	↑	↑	↑	↑	↑	↑	↑	↑	↑	↑	↑
R	2000	↓	↓	0 1	1 2	2 3	3 4	5 6	8 9	12 13	18 19	27 28	41 42	↑	↑	↑	↑	↑	↑	↑	↑	↑	↑	↑	↑	↑	↑
S	3150	↓	0 1	1 2	2 3	3 4	5 6	8 9	12 13	18 19	27 28	41 42	↑	↑	↑	↑	↑	↑	↑	↑	↑	↑	↑	↑	↑	↑	↑

↓：用箭头下面的第一个抽样方式，如果试样大小等于或超过批量，进行全数检查。
↑：用箭头上面的第一个抽样方式，如果试样大小等于或超过批量，进行全数检查。
Ac：合格判定数。
Re：不合格判定数。

表 2-6　二次放宽检查抽样方案（主表）

合格质量水平(AQL)(正常检查)

试样字码	试样	试样大小	累计试样大小	0.010	0.015	0.025	0.040	0.065	0.10	0.15	0.25	0.40	0.65	1.0	1.5	2.5	4.0	6.5	10	15	25	40	65	100	150	250	400	650	1000
				Ac Re	Ac Re	Ac Re	Ac Re	Ac Re	Ac Re	Ac Re	Ac Re	Ac Re	Ac Re	Ac Re	Ac Re	Ac Re	Ac Re	Ac Re	Ac Re	Ac Re	Ac Re	Ac Re	Ac Re	Ac Re	Ac Re	Ac Re	Ac Re	Ac Re	Ac Re
A																								*	*	*	*
B																							*	*	*	↓	
C																					*	*	*	↑			
D	第1	2	2														0 2	0 2	0 3	0 4	1 5	2 7	3 8	5 10	7 11	11 17	↑		
	第2	2	4														0 2	0 2	0 4	1 5	4 7	6 9	8 12	12 16	18 26	26 30			
E	第1	3	3													*	0 2	0 2	0 3	0 4	1 5	2 7	3 8	5 10	7 11	↑			
	第2	3	6														0 2	0 2	0 4	1 5	4 7	6 9	8 12	12 16	18 26				
F	第1	5	5												*	←	0 2	0 2	0 3	0 4	1 5	2 7	3 8	5 10	↑				
	第2	5	10														0 2	0 2	0 4	1 5	4 7	6 9	8 12	12 16					
G	第1	8	8											*	←	→	0 2	0 2	0 3	0 4	1 5	2 7	3 8	↑					
	第2	8	16														0 2	0 2	0 4	1 5	4 7	6 9	8 12						
H	第1	13	13										*	←	→		0 2	0 2	0 3	0 4	1 5	2 7	↑						
	第2	13	26														0 2	0 2	0 4	1 5	4 7	6 9							
J	第1	20	20									*	←	→			0 2	0 2	0 3	0 4	1 5	↑							
	第2	20	40														0 2	0 2	0 4	1 5	4 7								
K	第1	32	32								*	←	→				0 2	0 2	0 3	0 4	↑								
	第2	32	64														0 2	0 2	0 4	1 5									
L	第1	50	50							*	←	→					0 2	0 2	0 3	↑									
	第2	50	100														0 2	0 2	0 4										
M	第1	80	80						*	←	→						0 2	0 2	↑										
	第2	80	160														0 2	0 2											
N	第1	125	125					*	←	→							0 2	↑											
	第2	125	250														0 2												
P	第1	200	200				*	←	→								↑												
	第2	200	400																										
Q	第1	315	315			*	←	→								↑													
	第2	315	630																										
R	第1	500	500		*	←	→									↑													
	第2	500	1000																										

↓：用箭头下面的第一个抽样方案，如果试样大小等于或超过批量，进行全数检查。
↑：用箭头上面的第一个抽样方案。
Ac：合格判定数。
Re：不合格判定数。
*：采用对应的一次抽样检查方案。

表 2-7　二次正常检查抽样方案（主表）

合格质量水平（AQL）（正常检查）

试样字码	试样	试样大小	累计试样大小	0.010 Ac Re	0.015 Ac Re	0.025 Ac Re	0.040 Ac Re	0.065 Ac Re	0.10 Ac Re	0.15 Ac Re	0.25 Ac Re	0.40 Ac Re	0.65 Ac Re	1.0 Ac Re	1.5 Ac Re	2.5 Ac Re	4.0 Ac Re	6.5 Ac Re	10 Ac Re	15 Ac Re	25 Ac Re	40 Ac Re	65 Ac Re	100 Ac Re	150 Ac Re	250 Ac Re	400 Ac Re	650 Ac Re	1000 Ac Re
A																													
B	第1	2	2															*				0 2	0 3	1 4	2 5	3 7	5 9	7 11	11 16	17 22	25 31
	第2	2	4																			1 2	3 4	4 5	6 7	8 9	12 13	18 19	26 27	37 38	56 57
C	第1	3	3														*				0 2	0 3	1 4	2 5	3 7	5 9	7 11	11 16	17 22	25 31	
	第2	3	6																		1 2	3 4	4 5	6 7	8 9	12 13	18 19	26 27	37 38	56 57	
D	第1	5	5													*				0 2	0 3	1 4	2 5	3 7	5 9	7 11	11 16	17 22	25 31		
	第2	5	10																	1 2	3 4	4 5	6 7	8 9	12 13	18 19	26 27	37 38	56 57		
E	第1	8	8												*				0 2	0 3	1 4	2 5	3 7	5 9	7 11	11 16	17 22	25 31			
	第2	8	16																1 2	3 4	4 5	6 7	8 9	12 13	18 19	26 27	37 38	56 57			
F	第1	13	13											*				0 2	0 3	1 4	2 5	3 7	5 9	7 11	11 16	17 22	25 31				
	第2	13	26															1 2	3 4	4 5	6 7	8 9	12 13	18 19	26 27	37 38	56 57				
G	第1	20	20										*				0 2	0 3	1 4	2 5	3 7	5 9	7 11	11 16	17 22	25 31					
	第2	20	40														1 2	3 4	4 5	6 7	8 9	12 13	18 19	26 27	37 38	56 57					
H	第1	32	32									*				0 2	0 3	1 4	2 5	3 7	5 9	7 11	11 16	17 22	25 31						
	第2	32	64													1 2	3 4	4 5	6 7	8 9	12 13	18 19	26 27	37 38	56 57						
J	第1	50	50								*				0 2	0 3	1 4	2 5	3 7	5 9	7 11	11 16	17 22	25 31							
	第2	50	100												1 2	3 4	4 5	6 7	8 9	12 13	18 19	26 27	37 38	56 57							
K	第1	80	80							*				0 2	0 3	1 4	2 5	3 7	5 9	7 11	11 16	17 22	25 31								
	第2	80	160											1 2	3 4	4 5	6 7	8 9	12 13	18 19	26 27	37 38	56 57								
L	第1	125	125						*				0 2	0 3	1 4	2 5	3 7	5 9	7 11	11 16	17 22	25 31									
	第2	125	250										1 2	3 4	4 5	6 7	8 9	12 13	18 19	26 27	37 38	56 57									
M	第1	200	200					*				0 2	0 3	1 4	2 5	3 7	5 9	7 11	11 16	17 22	25 31										
	第2	200	400									1 2	3 4	4 5	6 7	8 9	12 13	18 19	26 27	37 38	56 57										
N	第1	315	315				*				0 2	0 3	1 4	2 5	3 7	5 9	7 11	11 16	17 22	25 31											
	第2	315	630								1 2	3 4	4 5	6 7	8 9	12 13	18 19	26 27	37 38	56 57											
P	第1	500	500			*				0 2	0 3	1 4	2 5	3 7	5 9	7 11	11 16	17 22	25 31												
	第2	500	1000							1 2	3 4	4 5	6 7	8 9	12 13	18 19	26 27	37 38	56 57												
Q	第1	800	800		*				0 2	0 3	1 4	2 5	3 7	5 9	7 11	11 16	17 22	25 31													
	第2	800	1600						1 2	3 4	4 5	6 7	8 9	12 13	18 19	26 27	37 38	56 57													
R	第1	1250	1250	*				0 2	0 3	1 4	2 5	3 7	5 9	7 11	11 16	17 22	25 31														
	第2	1250	2500					1 2	3 4	4 5	6 7	8 9	12 13	18 19	26 27	37 38	56 57														

↓：用箭头下面的第一个抽样方案。如果试样大小大于或等于批量，进行全数检查。

↑：用箭头上面的第一个抽样方案。

Ac：合格判定数。

Re：不合格判定数。

*：采用对应的一次抽样检查方式。

表 2-8　二次加严检查抽样方案（主表）

试样字码	样本	试样大小	累计试样大小	合格质量水平（AQL）（正常检查）
				0.010／0.015／0.025／0.040／0.065／0.10／0.15／0.25／0.40／0.65／1.0／1.5／2.5／4.0／6.5／10／15／25／40／65／100／150／250／400／650／1000（各列分 Ac、Re）
A				
B	第1	2	2	
	第2	2	4	
C	第1	3	3	
	第2	3	6	
D	第1	5	5	
	第2	5	10	
E	第1	8	8	
	第2	8	16	
F	第1	13	13	
	第2	13	26	
G	第1	20	20	
	第2	20	40	
H	第1	32	32	
	第2	32	64	
J	第1	50	50	
	第2	50	100	
K	第1	80	80	
	第2	80	160	
L	第1	125	125	
	第2	125	250	
M	第1	200	200	
	第2	200	400	
N	第1	315	315	
	第2	315	630	
P	第1	500	500	
	第2	500	1000	
Q	第1	800	800	
	第2	800	1600	
R	第1	1250	1250	
	第2	1250	2500	
S	第1	1250	1250	
	第2	1250	2500	

主表主体为各 AQL 列下的 Ac、Re 判定数（双抽样方案第1、第2样本），呈对角带状排列。可辨认的（第1样本 Ac Re／第2样本 Ac Re）判定数对依次为：

第1样本 Ac Re	第2样本 Ac Re
0　2	1　2
0　3	3　4
1　4	4　5
2　5	6　7
3　7	7　8
5　7	11　12
7　10	15　16
9　14	23　24
15　20	34　35
23　29	52　53

其余各格为引导箭头（↓／↑／←／→）或 ＊。

↓：用箭头下面的第一个抽样方案。如果试样大小等于或超过批量，进行全数检查。
↑：用箭头上面的第一个抽样方案。如果试样大小等于或超过批量，进行全数检查。
Ac：合格判定数。
Re：不合格判定数。
＊：采用一次对应的抽检方式。

表2-9　放宽检验的界限数表

合格质量水平（AQL）

最近10批的样本大小之和	0.010	0.015	0.025	0.040	0.065	0.10	0.15	0.25	0.40	0.65	1.0	1.5	2.5	4.0	6.5	10	15	25	40	65	100	150	250	400	600	1000
20~29	*	*	*	*	*	*	*	*	*	*	*	*	*	*	*	0	0	2	4	8	14	22	40	68	115	181
30~49	*	*	*	*	*	*	*	*	*	*	*	*	*	*	0	0	1	3	7	13	22	36	63	105	178	277
50~79	*	*	*	*	*	*	*	*	*	*	*	*	*	0	0	2	3	7	14	25	40	63	110	181	301	
80~129	*	*	*	*	*	*	*	*	*	*	*	*	0	0	2	4	7	14	24	42	68	105	181	297		
130~199	*	*	*	*	*	*	*	*	*	*	*	0	0	2	4	7	13	25	42	72	115	177	301	490		
200~319	*	*	*	*	*	*	*	*	*	*	0	0	2	4	8	14	22	40	68	115	181	277	471			
320~499	*	*	*	*	*	*	*	*	*	0	0	1	4	8	14	24	39	68	113	189						
500~799	*	*	*	*	*	*	*	*	0	0	2	3	7	14	25	40	63	110	181							
800~1249	*	*	*	*	*	*	*	0	0	2	4	7	14	24	42	68	105	181								
1250~1999	*	*	*	*	*	*	0	0	2	4	7	13	24	40	69	110	169									
2000~3149	*	*	*	*	*	0	0	2	4	8	14	22	40	68	115	181										
3150~4999	*	*	*	*	0	0	1	4	8	14	24	38	67	111	186											
5000~7999	*	*	*	0	0	2	3	7	14	25	40	63	110	181												
8000~12 499	*	*	0	0	2	4	7	14	24	42	68	105	181													
12 500~19 999	*	0	0	2	4	7	13	24	40	69	110	169														
20 000~31 499	0	0	2	4	8	14	22	40	68	115	181															
31 500~49 999	0	1	4	8	14	24	38	67	111	186																
50 000 以上	2	3	7	14	25	40	63	110	181	301																

注：表中的 * 值表示不能进行放宽检验。

例 2-2　采用 ISO 2859 对某产品进行抽样检验。设 $N=1800$,检查水平为 Ⅱ,AQL$=2.5\%$,确定一次正常、加严和放宽抽样方案。

解: 正常检查方案的确定。由表 2-2 确定 $N=1800$ 所在的行是 1201～3200,由这一行和检查水平Ⅱ所在的列的交叉栏,确定样本量字码为 K。然后查表 2-3,可知样本量字码 K 对应的样本大小 $n=125$,K 所在的行与 AQL$=2.5\%$ 所在的列的交叉格 $Ac=7,Re=8$,即抽样按 $n=125,Ac=7,Re=8$。

这个抽样方案所代表的是:从 1800 个产品中随机抽取 125 个产品为样本进行检查,若不合格品数 $d\leqslant Ac=7$,则判定产品符合要求可以接收;若不合格品数 $d\geqslant Re=8$,则判定产品不符合要求不可以接收。

加严检查和放宽检查方案的确定分别查表 2-5 和表 2-4,具体过程见上述正常检查方案的确定,本例结果如表 2-10 所示。

表 2-10　计算结果(例 2-2)

抽样方案	$N=1800$,检查水平为Ⅱ,AQL$=2.5\%$		
	n	Ac	Re
一次正常	125	7	8
一次加严	125	5	6
一次放宽	50	3	6

例 2-3　采用 ISO 2859 对某产品进行抽样检验。设 $N=1800$,检查水平为 Ⅱ,AQL$=2.5\%$,确定二次正常、加严和放宽抽样方案。

解: 由表 2-2 可知,$N=1800$,检查水平为Ⅱ,AQL$=2.5\%$,则样本字码为 K。分别查表 2-6、表 2-7、表 2-8 可得抽样方案,具体结果如表 2-11 所示。

5) 转移准则

ISO 2859 是调整型抽样检验,共有"放宽""正常""加严"三种不同的抽样方案。在使用过程中,应根据产品质量变化情况,按 ISO 2859 的转移规则进行严格调整。转移规则有以下几种。

(1) 从正常检验转加严检验。在进行正常检验时,如果连续 5 批或至少 5 批中有 2 批经初次检验不合格,则从下一批开始进行加严检验。即在执行正常检验过程中,如果发现第 i 批初次检验不合格,之后发现第 j 批初次检验不合格,若 $j-i<5$,则从第 $j+1$ 批开始进行加严检验。

(2) 从加严检验转正常检验。在进行加严检验时,如连续 5 批产品经初次检验合格,则从下一批检验开始执行正常检验。

(3) 从正常检验转放宽检验。在进行正常检验时,如下列条件同时得到满足,则从下一批开始执行放宽检验:

① 连续 10 批初次检验合格。

② 在初检合格的连续 10 批或多于 10 批中,不合格总数(或缺陷总数)小于或等于放宽检验的界限数表(表 2-9)所列的界限数。

使用表 2-9 时,如果最近 10 批的样本量总产品数不够,可用多于 10 批来计算。但所有批应是最近连续生产、按正常检查无一被初次检查拒收的。

③ 生产正常稳定。

④ 负责部门(一般指质量部门)同意。

表 2-11　计算结果(例 2-3)

检 查 类 型	批量 N	样本次号	样本容量	累计样本容量	合格判定数 Ac	不合格判定数 Re
二次正常抽样检查方案	1800	第一	80	80	3	7
		第二	80	160	8	9
二次加严抽样检查方案	1800	第一	80	80	2	5
		第二	80	160	6	7
二次放宽抽样检查方案	1800	第一	32	32	1	5
		第二	32	64	4	7

(4) 从放宽检验转正常检验。在进行放宽检验时,如出现以下任何一种情况,则从下一批检验开始执行正常检验:

① 有一批放宽检验初次检验不合格;

② 在进行放宽检验时,有一批"附条件合格";

③ 生产不正常;

④ 负责部门(一般指质量部门)认为有必要执行正常检验。

(5) 从加严检验转暂停检验。在加严检验开始后,若连续 10 批加严检验不能执行正常检验,则暂时停止按本标准进行检验。暂停检验后,如果质量的确有改进,经负责部门认可可以恢复到加严检验。

例 2-4　某企业购入产品,采用 ISO 2859,指定 AQL＝1.5%,批量大小 N＝1800,检查水平 Ⅱ,确定二次抽样检查时,正常、放宽、加严三个抽样方案如表 2-12 所示。假设用正常抽样方案检验前十批产品的不合格件数如表 2-13 所示。试详细解释前十批整个检验过程是如何实施的,并决定第 11 批产品的检验方案。

表 2-12 二次抽样检查方案

N＝1800，检查水平为Ⅱ，AQL＝1.5％

检查类型	批量 N	样本次号	样本容量	累计样本容量	合格判定数 Ac	不合格判定数 Re
二次正常抽样检查方案	1800	第一	80	80	2	5
		第二	80	160	6	7
二次加严抽样检查方案	1800	第一	80	80	1	4
		第二	80	160	4	5
二次放宽抽样检查方案	1800	第一	32	32	0	4
		第二	32	64	3	6

表 2-13 前十批检验结果

批次	初次检验不合格件数	二次检验不合格件数	批次	初次检验不合格件数	二次检验不合格件数
一	2	—	六	7	
二	0	—	七	3	3
三	2	—	八	4	0
四	4	3	九	2	—
五	1		十	5	—

解：从表 2-13 可以看出前十批的检验过程如下。

第一批：初次检验合格；

第二批：初次检验合格；

第三批：初次检验合格；

第四批：初次检验不确定，二次检验后判定为不合格；

第五批：初次检验合格；

第六批：初次检验不合格；

第七批：初次检验不确定，二次检验后判定为合格；

第八批：初次检验不确定，二次检验后判定为合格；

第九批：初次检验合格；

第十批：初次检验不合格。

可看出在第六批初次检验不合格后，接着第十次初次检验又不合格，10－6＝4＜5。按 ISO 2859 标准的转移规则中"从正常检验转加严检验"条件可知，从第 11 批开始应进行加严检验。

2.3　质量检验的组织与实施

2.3.1　质量检验机构和质量检验人员

1. 质量检验机构

为了使企业的质量检验活动正常顺利地进行,充分发挥检验的职能作用,企业必须建立和健全自己的质量检验机构,并设置独立的检验部门,完成企业的质量检验工作。检验机构的工作应该遵循以下五项原则。

(1) 高层管理者授权:高层管理者直接领导专职检验机构,使检验机构能独立而公正地行使职权。

(2) 建立完善的质量检验系统:使其适应企业内部和外部生产经营活动的需要。

(3) 改进质量检验工作流程:不断改进和完善检验流程、工作标准和检验制度。

(4) 满足检验需求的硬件设施:积极采取先进的检验方法,配置满足检验和试验需求的检测设备、计量工具、测试仪器等硬件设备。

(5) 明确的质量职责:必须明确部门和人员的检验职责,建立和完善检验工作质量考核体系。

质量检验部门的基本职责主要有以下内容:

(1) 贯彻和执行质量方针和质量目标,严格执行技术要求和质量标准;

(2) 充分发挥把关、预防和监督等质量职能,确保产品和服务符合质量标准,保护顾客的利益;

(3) 负责制定质量检验计划,并监督实施和总结、评估;

(4) 参与制定和完善有关质量检验工作制度和各级检验人员的岗位责任制;

(5) 参与产品开发、研制、设计过程中的审查和鉴定工作,并参与工艺文件会签;

(6) 参与质量审核,负责审核中具体的测试工作,提供审核资料和质量审核报告;

(7) 负责正确制定各种审核制度表,编制检验技术文件;

(8) 负责关键工序和质量控制点,并负责跟踪改进;

(9) 负责收集、管理、分析和报告有关质量检验的信息资料;

　　（10）负责质量检验的培训教育,制定科学、适用的培训计划和措施,并确保有效实施。

2. 质量检验人员

　　人是企业之本,企业最活跃的因素是人,最难管理的也是人,所以人员的素质直接关系到检验工作的质量。企业在选配质量检验人员时要注意以下几个方面:

　　质量检验人员要具备良好的政治思想素质,具有适应工作岗位的身心素质,具有一定的科学文化知识,具有一定的实践经验和良好的职业道德修养。而且企业要不断提高质量检验人员的工作质量。

　　为了使质量检验充分发挥其作用和职能,使企业有效地实施质量检验,企业应制定完备的质量检验计划,做到质量检验过程是在计划目标要求、计划指导下,按计划完成从原料进厂到产品出厂的检验。同时做到检验机构合理健全,并配备合理的检验人员。

2.3.2　制定质量检验计划

　　企业的质量检验计划既是对企业检验过程的总体规划,也是对企业某一方面具体检验过程的具体安排。企业质量检验的总体规划通常包括以下一些内容。

　　（1）质量检验项目。主要根据标准、技术规范或合同的要求确定相应的检验项目。

　　（2）质量检验依据。检验依据是判断质量是否符合要求的根据,主要指产品标准、技术规范。过去企业主要是依据产品标准或技术规范来判断产品是否合格,而现在趋向于是否满足要求及满足要求的程度。所以质量检验依据也要考虑是否满足顾客要求及满足程度。

　　（3）质量检验的方式、方法。确定采用感官检验还是理化检验,全数检验还是抽样检验,自检、专项检验还是定点检验等。

　　（4）质量检验组织。任何计划必须在组织上加以保证,质量检验组织包括质量检验的组织机构、相应人员的组织和相应设备的配备等。

　　（5）质量检验过程的设置。根据企业的生产实践,确定检验过程。

　　（6）质量检验的信息系统。根据检验过程及企业的生产实践建立和健全质量检验的信息系统,以利于完善质量信息管理。

　　对企业某一方面具体检验过程的具体安排包括编制质量检验指导书（如进货检验指导书、工序检验指导书、成品检验指导书等）、质量检验人员的培训等,以利于质量检验过程顺利进行。

2.3.3 进货检验

进货检验,主要是指外购原材料、外购配套件和外协件入厂时的检验。这是保证生产正常进行和确保产品质量的重要环节。为了确保外购物料的质量,入厂时的验收检查应配备专门的质量人员,按照规定的检查内容、检查方法及检验数量进行严格的检验。原则上说,供应厂所供应的物料应该是 100%合格。在进货检验时,如果不适宜全检,而使用抽样检验时,必须通过双方协商等方式预先规定科学可靠的抽检方案和验收制度。

通常,进货检验包括首件(批)进货检验和成批进货检验。

1. 首件(批)进货检验

首批进货检验是指企业对供货单位、协作单位(供方)首次提供的单件或一批样品进行的检验,也称首件(批)样品检验。首件(批)样品检验的目的,主要是对供应商所提供的产品质量水平进行评价,并建立具体的衡量标准。所以,首件(批)检验的样品,必须能代表供应商所提供的产品质量的平均水平和相对的稳定性,以便作为以后进货的比较基准。

首件(批)进货检验工作要求严格、内容多。其一般程序为:

(1) 核对供货协议或检验委托书;

(2) 理解采购质量文件要求与验收判定标准;

(3) 核对到货时提供的质量证明文件(包括合格凭证、检验数据记录及有关检验试验方法的说明资料等);

(4) 按有关制度规定邀集参加检验活动的有关部门和人员;

(5) 实施测量或试验,整理记录,比较判定,作出判定结论;

(6) 与供方提供的质量证明文件进行比较,指出不一致的事项与差异,进行分析,形成资料;

(7) 撰写首批样品检验报告。

2. 批量进货检验

批量进货检验,是指企业对有完善的质量管理体系保证产品质量的稳定性、一致性及通过首检的供方以后提供的批产品进行的相应检验,是为了防止不合格的原材料、外购件、外协件进入企业的生产过程。

批量进货检验主要是查看供方的质量证明文件,并进行核实性的检查。批量进货检验多数采用抽样检验,企业与供方商定相应的检验水平与抽样检验方案。在进行检验时,可以对供方提供的批产品进行分类,一般常用的分类方法是 A、B、C 分类检验法。所谓 A、B、C 分类检验法,是把外购件、外协件按质量特性的重要程度及可能发生问题的严重性,分为 A、B、C 三类。其中 A 类对应的产品是主要的,检验时应进行严格的全面检验;B 类对应的产品是次要的,检验时应进行必要的质量特性的检验;C 类对应的产品是更次要的,检验时可以以相应的质量证明文件为准。

进货检验的顺利完成,必须依靠企业相关部门的密切配合,即企业相关部门应及时提供检验时所需的相关文件,如企业与供方签订的协议或合同、验收文件、产品图样等。

批量进货检验可以在供应商一方所在地进行,也可在需方进行。但为了保证检验的工作质量,防止漏检和错检,一般应制定"入库检验指导书"或"入库检验细则",其形式和内容可根据具体情况设计或规定。必要时,可以作为内控企业标准或 ISO 9000 程序文件。

原材料、辅助材料的入厂检验,往往要进行理化检验,如分析化学成分、机械性能试验、金相组织鉴定等工作,验收时要着重检查材质、规格、批号等是否符合规定要求。

2.3.4　工序检验

工序检验的目的是为了防止连续出现大批不合格品,避免不合格品进入下道工序继续进行加工。因此,工序检验不仅要检验产品,还要检验影响产品质量的主要工序要素(如 5M1E)。工序检验主要有以下两种作用:一是根据检测结果对产品做出判定,即产品质量是否合格;二是根据检测结果对工序做出判定,即工序是否处于受控状态,从而决定工序是否继续进行生产。为了达到这一目的,在工序检验中常常与控制图的应用相结合。

工序检验要做好关键工序、关键点、关键项目的质量检验。它们对产品质量起关键性决定作用,应进行重点控制。一般可以采取全数检验进行控制,无法采取全数检验的,可以采用抽样检验来控制。无论采用哪种方式,都必须严格,并且质量记录详细完备,对不合格品进行严格的处理等。

除了做好上述检验工作外,一般可以将工序检验分成首件检验、完工检验、巡回检验等几项工作过程。

首件检验是对任何一个生产过程(如班次、批次)的第一个结果或前几个结果进行的检验工作。首件检验是在生产人员自检认为符合要求后,再送检验人员进行专门检验。检验人员检验合格后,要做好相应的质量记录,并在检验合格的产品上附上标记。

完工检验是对生产过程结束而产生的半成品、成品等进行的检验活动。此种检验应以相应标准、技术规范、图样为依据严格进行检验。完工检验主要检查工序是否全部完成；产品的主要质量特性是否符合要求；产品上的标志、标识是否完备。

巡回检验是指检验人员按一定的时间间隔和路线，依次到生产现场，用抽查的方式，检查刚加工出来的产品是否符合图纸、工艺或检验指导书中所规定的要求。在大批量生产时，巡回检验一般与使用工序控制图相结合，也是对生产过程发生异常状态实行报警、预防成批出现废品的重要措施。巡回检验对检验人员的要求比较高，不仅要求检验人员具备较强的业务技能，而且要求检验人员对整个生产过程有全面的了解和认识及较强的思想素质。

2.3.5　成品检验

成品检验即对完工的成品在入库前的检验。其目的是防止不合格品出厂，对社会、用户产生危害，甚至损害企业利益。它是企业控制产品质量的最后一道工序。成品检验包括：完工的零部件的质量检验；组装完成的整机、整个系统、组装成产品的成品的质量检验。完工检验是以验收为目的的检验和试验过程。

完工检验必须严格遵守检验依据；有关产品的质量证明文件、跟随产品的技术文件完备且符合要求；检验所需的环境(5M1E)必须符合要求；严格进行产品的外观检验及随机附件、备件、包装的检验；成品检验的质量信息工作要合理。

2.3.6　不合格品管理

不合格品管理是质量检验以至整个质量管理过程中的重要环节。不合格品即未满足要求(ISO 9000：2000 质量管理体系——基本原则和术语的 3.6.2)，意为产品一项或多项质量特性未满足要求。为了区别不合格品和废品两个概念，通常把不合格品管理称为不良品管理。

企业生产过程中一旦出现不合格品，则应实行"三不放过"原则，即：

(1) 不查清不合格的原因不放过。因为不查清原因，就无法进行预防纠正，也不能防止重复发生。

(2) 不查清责任不放过。这样可以帮助责任者吸取教训，及时纠正和不断改进。

(3) 不落实改进的措施不放过。查清不合格的原因和查清责任者，其目的都是为了落实改进的措施。

对于不合格品通常有以下处理方法：

（1）报废。对于不能使用,如影响人身财产安全或经济上产生严重损失的不合格品,应予以报废处理。

（2）返工。返工是一个程序,它可以完全消除不合格,并使质量特性完全符合要求。通常,检验人员就有权作出返工的决定。

（3）返修。返修与返工的区别在于返修不能完全消除不合格品,而只能减轻不合格的程度,使不合格品能达到基本满足使用要求。

项目 1　质量检验作业指导书的编写

一、实训目的

（1）了解质量检验的概念和依据;

（2）掌握汽车常用电子产品质量检测的步骤和方法;

（3）掌握质量检验作业指导书的编写格式。

二、材料器材

材料:学生自制汽车电子电路板 51 MINI BOARD,MAX232 芯片,STC12C5A60S2 芯片,12V 直流电源适配器,RS232 串口线。

器材:带 STC_ISP 测试软件的 PC 机,数字万用表。

三、操作步骤

1. 产品测试

（1）目测检验:通过目测直观检查学生自制汽车电子电路板 51 MINI BOARD 有无元件缺失、焊接等错误,初步判断性能好坏(见图 2-6)。

图 2-6　学生自制汽车电子电路板

（2）上电测试：将 MAX232 芯片、STC12C5A60S2 芯片插入到 51 MINI BOARD 上相应的芯片座上，插上电源，闭合电源开关，检测电源模块性能的好坏。

（3）软件测试：断开电源，用 RS232 串口线连接 PC 机和 51 MINI BOARD，接通电源。通过电脑用 STC_ISP 测试软件下载测试程序，检测 51 MINI BOARD 的串口功能模块和其他模块性能的好坏。STC_ISP 测试软件界面如图 2-7 所示。

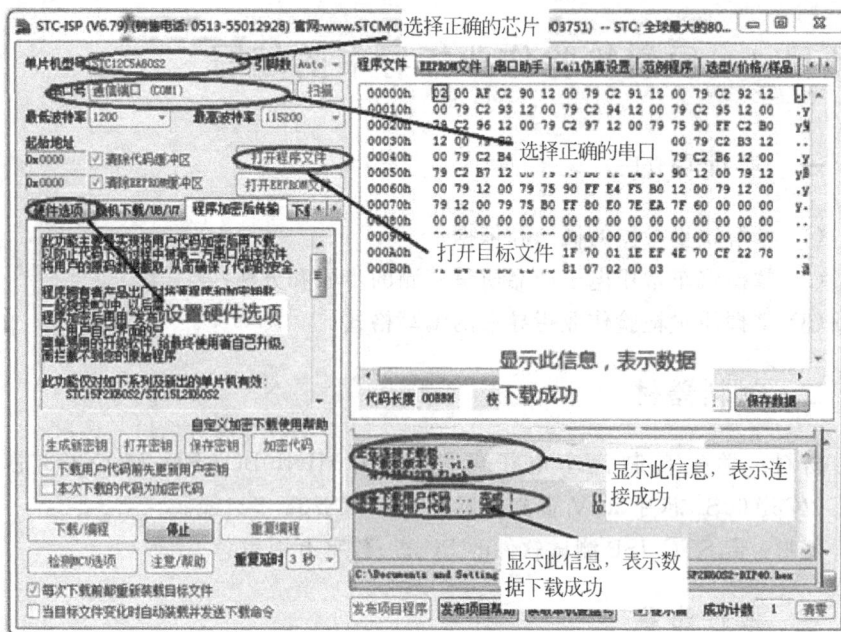

图 2-7　STC_ISP 测试软件界面

（4）性能判断：用万用表进一步确定电子产品 51 MINI BOARD 的缺陷及位置。

2. 作业指导书编写

（1）明确指导书格式：填写作业指导书相关信息。

（2）指导书内容编写：将产品测试过程精心总结后编撰成书，要求说明详尽，插图清晰。

四、注意事项

（1）遵守实验室设备操作规程；

（2）严格按照指导老师要求进行产品检测。

项目 2　汽车电子产品小样品的全数检验

一、实训目的

（1）了解全数检验的概念和优缺点；

（2）掌握汽车常用电子产品测试和故障诊断的方法；

（3）掌握不合格品管理的方法。

二、材料器材

材料：一批学生自制汽车电子电路板 51 MINI BOARD，MAX232 芯片，STC12C5A60S2 芯片，12V 直流电源适配器，RS232 串口线。

器材：带 STC_ISP 测试软件的 PC 机，数字万用表。

三、操作步骤

1. 学生自制汽车电子电路板 51 MINI BOARD 的检验方法

1）电源电路的检验方法

（1）如图 2-8(a)观察有无元器件未焊，元器件引脚虚焊、脱焊、搭焊（焊锡搭在一起导致短路），正负极焊反的现象。如没有则进入下一步。

（2）插上 12V 直流电源，若插不上，则插座型号选错。如能正常插上，则进入下一步。

（3）图 2-8(b)为电源电路的原理图。按下 POWER 键，观察电源指示灯 D1。如果不亮，则用万用表 20V 电压挡逐一检查 D1 正极电压、稳压管 2 脚输出电压、稳压管 1 脚的输入电压、按键 2 脚输出的电压是否正常。如果不正常，进一步确认是哪些元器件型号错、损坏还是焊反。如果电源指示灯正常亮，按下 POWER 键后可正常熄灭，则确认电源电路合格。可进一步检查晶振电路。

2）晶振电路的检验方法

图 2-9 为晶振电路的实物图和原理图。

（1）断开 12V 电源。观察有无元器件未焊，元器件引脚虚焊、脱焊、搭焊（焊锡搭在一起导致短路），正负极焊反的现象。如没有则进入下一步。

（2）将 STC12C5A60S2 芯片插入到芯片座上，芯片方向与电路板丝印

(a) 电源电路的实物图

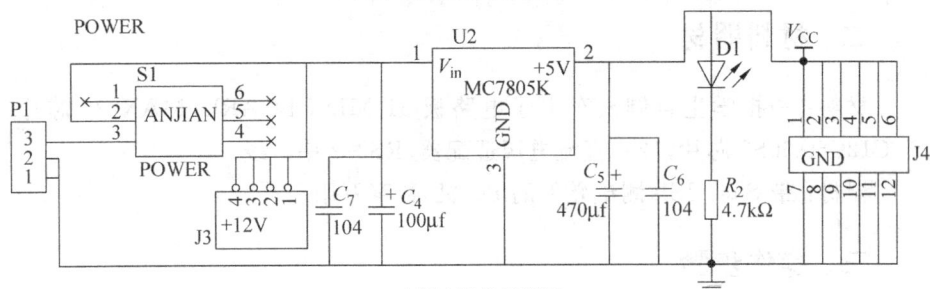

(b) 电源电路的原理图

图 2-8　电源电路的实物图和原理图

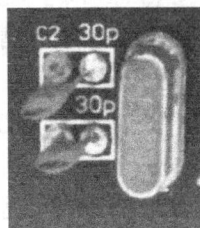

(a) 晶振电路的实物图　　　(b) 晶振电路的原理图

图 2-9　晶振电路的实物图和原理图

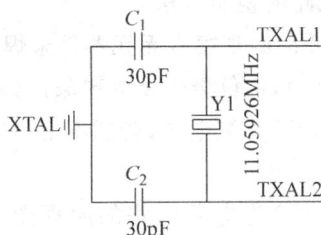

一致。

（3）插上 12V 直流电源，按下 POWER 键，若观察到单片机自带的程序正常运行，则晶振电路正常。若未观察到单片机自带的程序运行，则进行下一步检查。

（4）用万用表测量晶振两个引脚电压是否是芯片工作电压的一半，比如工作电压是 5V，则测出的是否是 2.5V 左右。另外如果用镊子碰晶体另外一个脚,这个电压有明显变化,证明该晶振是起振了的,晶振正常,那么说明单片机未插好,或单片机损坏;如果晶振的电压不符,则说明 Y1,或者电容 C_1、C_2 型号错,虚焊,脱焊,搭焊,或损坏。可用万用表进一步确认。

(5) 如果晶振电路正常,单片机也正常工作,则可进一步检查复位电路。

3)复位电路的检验方法

图 2-10 为复位电路的实物和原理图。

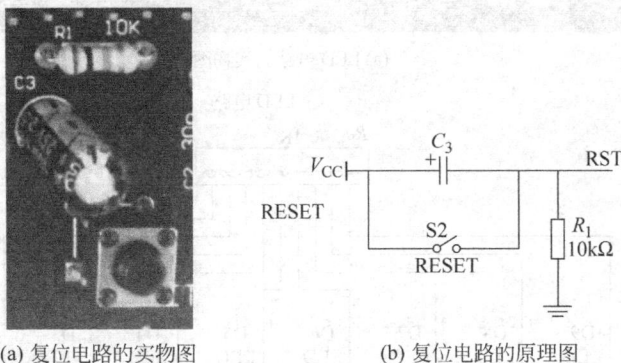

(a) 复位电路的实物图 (b) 复位电路的原理图

图 2-10 复位电路的实物和原理图

(1) 断开 12V 电源。观察有无元器件未焊,元器件引脚虚焊、脱焊、搭焊(焊锡搭在一起导致短路),正负极焊反的现象。如没有则进入下一步。

(2) 插上 12V 直流电源,按下 POWER 键,观察到单片机自带的程序正常运行。此时按下 RESET 按键 S2,观察单片机的程序是否重启运行。如果没有,则用万用表检查 RST 输出电压,进一步确认是 S2 脱焊、虚焊还是损坏。如果单片机程序可以复位重启,则复位电路正常,可进一步检查 LED 电路。

4)LED 电路的检验方法

图 2-11 为 LED 电路的实物图和原理图。

(1) 断开 12V 电源。观察有无元器件未焊,元器件引脚虚焊、脱焊、搭焊(焊锡搭在一起导致短路),正负极焊反的现象。如没有则进入下一步。

(2) 插上 12V 直流电源,给 JP1 接上短接帽,按下 POWER 键。用一根导线一端接到电源的地,另一端逐一触碰 D2、D3、D4、D5、D6、D7、D8 和 D9,观察灯是否亮。如果只是某一个或几个灯不亮,说明是对应的 LED 焊反、脱焊、虚焊或搭焊,用万用表进一步确认;如果全部不亮,说明全部 LED 焊反或排阻 R_{P1} 损坏、虚焊,或者是排针 JP1 未焊好,可用万用表进一步确认。

(3) 如果 LED 电路都正常,可进一步检查串口电路。

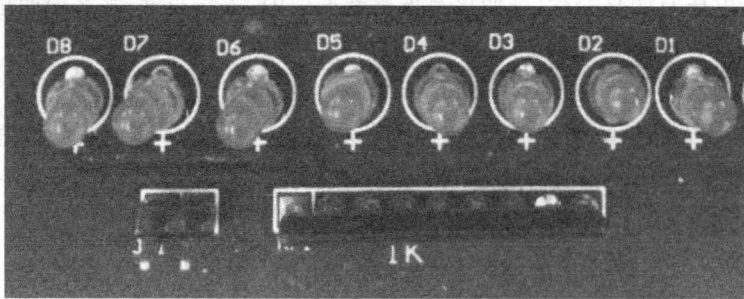

(a) LED 电路的实物图

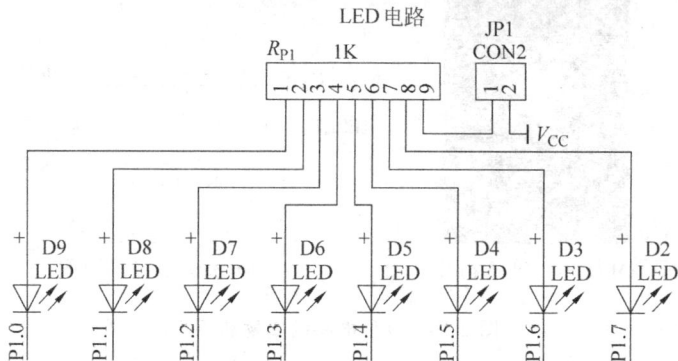

(b) LED 电路的原理图

图 2-11　LED 电路的实物图和原理图

5）串口电路的检验方法

图 2-12 为串口电路的实物图和原理图。

（1）断开 12V 电源。观察有无元器件未焊，元器件引脚虚焊、脱焊、搭焊（焊锡搭在一起导致短路），正负极焊反的现象。如没有则进入下一步。

（2）将串口 MAX232 芯片插到相应的芯片座上，用 RS232 串口线连接 PC 机和 51 MINI BOARD，插上 12V 直流电源。在电脑上打开 STC-ISP 测试软件，按软件界面提示下载测试程序，然后立即按下 POWER 键，观察界面提示。如果提示下载成功，新的程序能在电路板上正常运行，说明串口电路正常。如果总是提示正在连接，说明串口电路有问题，应进一步确认。

（3）拔下 RS232 串口线，用万用表 20V 直流电压挡测量 MAX232 芯片 2 脚和 6 脚电压是否正常。2 脚电压正常值为 10V 左右，6 脚电压正常值为 -10V 左右。如果电压不正常，说明芯片或电容 C_{10}、C_{12} 有问题，可用万用表进一步确认。若电压正常，说明是串口 RS232 或串口线有问题，可用万用表进一步确认。确认完毕后，整个电路板检验完成。

(a) 串口电路的实物图

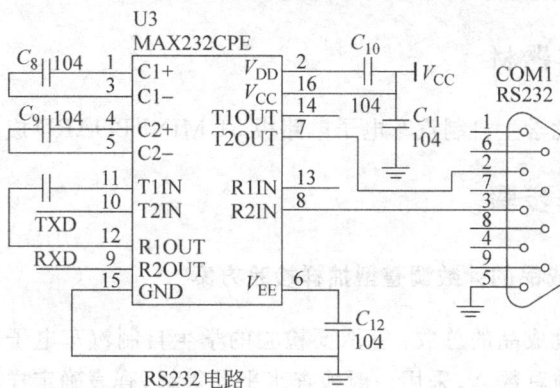

(b) 串口电路的原理图

图 2-12　串口电路的实物图和原理图

2. 最小系统板全数检验的实施

（1）分组，将批成品平均分配给每组的每个人。

（2）对每一个样品的质量进行全面的测试，测试不通过的样品要进一步诊断其故障。

（3）不合格品管理：判断批成品是否合格。对不良品实行"三不放过"原则，并提出不良品的处理意见是返修、返工还是报废。

（4）将检验结果及处理意见记录在相应的表格中。

四、注意事项

(1) 遵守实验室设备操作规程；

(2) 严格按照指导老师要求进行产品检测；

(3) 不合格品的处理方法要征求指导老师意见。

项目3　汽车电子产品抽样检验方案设计与实施

一、实训目的

(1) 掌握计数调整型抽样检验方案；

(2) 熟悉质量检验的组织与实施过程。

二、材料器材

材料：一批学生自制汽车电子电路板 51 MINI BOARD 成品。

三、操作步骤

1. 确定批成品的计数调整型抽样检验方案

(1) 确定批成品的总数：获取要检验的学生自制汽车电子电路板 51 MINI BOARD 成品的总数 N，采用一般检查水平 II 等级，查表确定样本字码。

(2) 规定 AQL：按指导老师的质量要求来确定可以接受的质量水平。

(3) 一次抽样：由样本字码确定一次正常抽样对应的样本大小 n，由样本字码所在的行与 AQL 所在的列相交的格确定合格判定数 Ac 及不合格判定数 Re。但如果交会格中是箭头，则按箭头指向查找 Ac 和 Re，直到找到为止。

(4) 二次抽样：用样本字码确定二次正常抽样对应的样本大小 n_1（第一个样本大小）和 n_2（第二个样本大小），由样本字码所在的行与 AQL 所在的列相交的格确定第一合格判定数 Ac_1 及第一不合格判定数 Re_1、第二合格判定数 Ac_2 及第二不合格判定数 Re_2。

2. 质量检验的实施

(1) 对批成品进行一次抽样检验：按项目2汽车电子产品小样品的全数检验的结果进行一次抽样过程，并记录一次正常抽样检验结果。

（2）对批成品进行二次抽样检验：按项目 2 汽车电子产品小样品的全数检验的结果进行二次抽样过程，并记录二次正常抽样检验结果。

（3）将检验结果记录在相应的表格中。

四、注意事项

（1）遵守实验室设备操作规程；

（2）严格按照指导老师要求进行产品检测；

（3）不合格器的处理方法要征求指导老师意见。

第 **3** 章　质量管理常用方法

质量管理活动中,需要用到许多定性和定量的方法,常见的用于定性分析的质量管理方法和技术包括检查表法、头脑风暴法、因果图法、分层法、水平对比法等。常用的定量的质量管理统计分析方法有排列图法、直方图法、控制图法、散布图法等。本章对质量管理常用的定性和定量方法分别加以介绍,其中控制图法将在第 4 章重点介绍。

3.1　定性质量管理方法

3.1.1　检查表法

检查表法又称统计表法或调查表法。它是利用一定格式的图表,进行初步的质量数据整理和原因作粗略分析的方法。检查表所用的表格是一种为了便于收集和整理数据而设计的空白表,在检查产品时只要在相应的栏目或部位填上数据或记号即可。

因检查的对象、工艺特点、产品类别都不一样,所以采用的检查表的格式和内容也不同。表格的样式可以根据产品和工序的具体要求来灵活设计和确定,常用的有 3 种。

1. 缺陷位置统计表

外伤、油漆脱缺、脏污以及铸锻件等表面缺陷在产品检验中常常作为重要项目,当调查产品各个不同部位的缺陷情况时,可将该产品的草图或展开图画在调查统计表上,每当检查到某种缺陷时可采用不同的符号或颜色在发生缺陷的部位标出,如表 3-1 所示。

表 3-1　缺陷位置统计表

名称		调查项目	1.尘粒	日期	年　月　日
代号			2.流漆	检查者	
工序名称	喷漆		3.色斑	制表者	

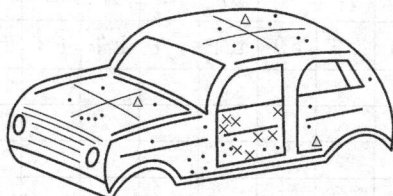

●：色斑
×：流漆
△：尘粒

2. 不良项目分类统计表

一道工序或产品不能满足标准要求的质量项目称为不良项目,为了减少生产中出现的各种不良项目,需要调查是否有不良项目发生,以及它们的比例大小。为此,可采用不良项目分类统计表,如表 3-2 所示。

表 3-2　不良项目分类统计表

零件名称：_____　　　时　间：____年____月____日

工　　序：_____　　　单　位：_____

检验总数：_____　　　批　号：_____

检查方式：_____　　　检验员：_____

不良项目种类	检 验 记 录	小　　计
表面缺陷		
砂眼		
加工不良		
变形不良		
合计		

3. 不良原因统计表

为了分清各种不良项目的发生原因,可按设备、操作者、时间等标志进行分类调查,填写不良原因统计表,如表 3-3 所示。

表 3-3　不良原因统计表

零件名称：＿＿＿＿＿＿＿＿＿
工序名称：＿＿＿＿＿＿＿＿＿　　　　　检查统计人：＿＿＿＿＿＿＿＿＿
检查项目：＿＿＿＿＿＿＿＿＿　　　　　填表日期：＿＿＿＿＿＿＿＿＿

日期　　工人	月　日		月　日		月　日		月　日		月　日		月　日	
	上午	下午	上午	下午	上午	下午	上午	下午	上午	下午	上午	下午

注：可以用"●""×""△"等不同的符号分别代表不同的原因计入不良原因统计表中。

3.1.2　头脑风暴法

1.头脑风暴法的含义

头脑风暴法，也称畅谈法、集思法，是由美国从事广告创意的奥斯本在1941年最早提出的。他受精神病人"胡言乱语"的创意启发，在管理上也创造出一种自由创想的氛围，制定一套规则，让人们能无限地遐想，涌流出更多的创意来，因此有了头脑风暴法。

头脑风暴法是采用会议的方式，引导每个参加会议的人围绕某个中心议题发表个人独特见解的一种集体创造性的思维方法。在质量管理中，头脑风暴法可以用来识别存在的质量问题、寻求纠正措施，还可用来发现质量改进的潜在机会。

头脑风暴法是一种有用的质量管理工具，为取得成功应遵循下列4条基本原则。

第一，自由畅想。参会的人不受约束，畅所欲言，鼓励发散性思维，甚至可以是骇人听闻的。

第二，数量不限。大家的观点多多益善，不提倡参加者在发言之前作详细的分析和周密的思考，要当场把每个人的观点毫无遗漏地记录下来。

第三，不加评论。不作评判对激发创新思维是很有必要的，参加者不对任何观点作出评论，不因人废言，也不对发言人作出任何情绪上的反应。

第四，相互融合。参加者可以互相补充各自的观点，在此基础上得到完善和延伸。

2.头脑风暴法的应用步骤

头脑风暴法的应用步骤有如下几个阶段:

一是会前准备阶段。确定一名会议组织者,其作用是介绍方法、明确原则、阐明目的,确保会议不偏离主题,按程序规则执行。指定一名记录员,记下所有可能提出的观点,即便是重复的也无妨。

二是鼓励创造性思维阶段。参加者应遵循"程序规则"发表观点,即轮流发表意见且不要为自己的观点作任何解释。每轮每人只提出一个观点,若无新观点则轮空,到下轮再发表,这样持续到不再有新观点产生为止。

三是最后整理阶段。组织者要将每个人的观点重述并让参加者了解全部观点的内容,合并类似的观点,对各种见解进行评价、论证,回答参加者可能提出的问题,最后按问题进行归纳。

头脑风暴法使用时应注意以下几点:

第一,增强解决问题的迫切感。组织者必须对到会的参加者讲明意图,提高参与感。

第二,充分做好会前的准备工作。事先要收集资料、积极思考,要提出自己的观点。

第三,尊重"不加评论"原则。不要把某些开创性的思维方法当作荒诞的东西予以否定,抹杀了别人的灵感。

第四,头脑风暴法能产生大量创造性的观点,但不能替代具体的数据,因此采纳时要考虑它的可行性。

3.1.3 因果图法

1.因果图法的含义

因果图法即因果分析图,又叫特性要因图、石川图或鱼刺图,是日本东京大学教授石川馨提出的一种简单而有效的方法。它通过带箭头的线,将质量问题与原因之间的关系表达出来,是分析影响产品质量(特征)的诸因素(要因)之间关系的一种工具,如图 3-1 所示。

2.因果图的画法

第一,明确所应解决的质量问题。弄清什么是质量特性结果,并用同一条

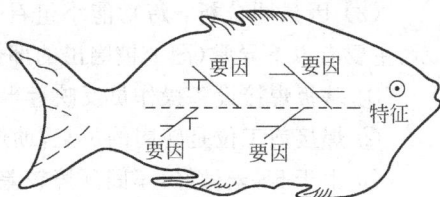

图 3-1 因果图

主干线指向结果。

第二,将影响质量的原因分类,先按大的方面分,然后由大到中、由中到小依次细分,直到可以直接采取措施为原则,并用箭头表示到图上。

第三,对起决定作用的因素画重线或作标记使之醒目。

第四,记载必要的有关事项,包括标题、单位参与者、制图人、日期。

作因果图时应注意,大原因应从人、设备、材料、方法(工艺)、测量、环境等方面考虑,大原因应进一步细分为中原因、小原因乃至更小原因,原因的细分应以能够采取措施为原则。主要原因可采用排列图法、评分法等来确定。找出主要原因,然后确定解决措施,措施实施后,可继续用排列图法检查结果。

例:某汽车电子配件厂基板焊接不良的因果图制作。

(1)绘制因果图,见图 3-2。

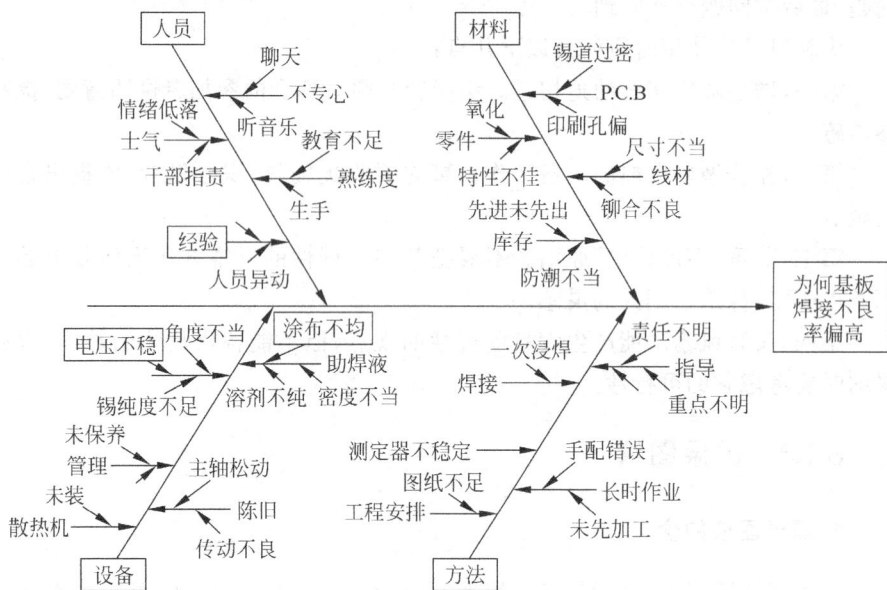

图 3-2　绘制因果图

(2)因果图分析:跨功能小组召开了一个检讨会,从各方面反馈的信息显示,主要有以下异常(图上被圈出的部分是要因)。

① 基板焊接设备操作员反映近半个月来电压不稳。

② 焊接前工位是转岗的员工,助焊液涂布不均。

③ 由于 5S 未做好,车间环境较差,PC 板较脏。

④ 作业指导书规定一次浸焊时间为 3s,但实际为 5s。

⑤ 近一个月车间员工流动较大,培训又跟不上。

（3）跨功能小组组长根据因果图指示品管部制订具体可行的改善计划。

3.1.4　分层法

1. 分层法的含义

分层法又叫分类法，它也是分析质量原因的一种方法。影响质量变动的因素很多，如果把不同状态的东西混在一起，就不易分清原因。因此，把性质相同、在同一生产条件下收集到的数据归并在一起，就可以使数据反映的事实更明了、更突出，便于找出问题。

在质量管理中，数据分层的标志多种多样。一般常按以下原则来分：

第一，按不同时间分。如按不同时期、不同班次进行分类。

第二，按操作人员分。如按新老工作人员、不同班次的工作人员、不同性别和不同工龄等进行分类。

第三，按使用设备分。如按不同的机床型号、工夹具等进行分类。商业企业按不同商品部、不同柜台、不同工作性质等进行分类。

第四，按操作方法分。如按不同的切削用量、温度、压力等工作条件进行分类；按不同的装卸、堆码、排列方法进行分类。

第五，按材料（商品）分。如按不同供料（货）单位、不同进料（货）时间、不同材料（商品）成分进行分类。

将数据分层时，应根据分析目的，按照一定标志加以分类，将性质相同、在相同条件收集的数据归并在一起，同时应尽量使同一层的数据波动幅度较小，而层间相互差别较大，这就是用分层法进行分层的关键。

2. 分层法的应用步骤

分层法可以采用统计表，也可以用图形。其步骤为：

第一，确定分析研究的目的和对象。

第二，收集有关质量方面的数据。对有待解决的问题，采用分层法分析，收集与此相关的数据，通常采用的方法是抽样调查。

第三，根据分析研究的目的不同，选择分层的标志。

第四，按分层标志对数据资料进行分层。分层时注意使一层内数据在性质上差异尽可能小，而不同层次的数据间差异尽可能大，以便于分析、找出原因。

第五，画出分层归类表（或图）。分析分层结果，找出主要问题产生的原因，并制定改进措施。

例 3-1　某汽车电子厂 A 产品与 B 产品制程不良层别统计表（表 3-4、表 3-5）。

表 3-4　A 产品制程不良层别统计表

班别：电熨斗班				产品类型：A				总产量：2 万			时间：12 月份
日 不良项	1	2	3	4	5	6	7	8	9	10	11	小计
耐压不良	5	22	1	4	3	9	10	1	0	5	2	42
无功率	11	22	30	12	5	8	5	5	48	20	15	181
温度不对	1	2	4	5	2	3	1	0	5	8	2	33
灯不亮	4	5	2	3	1	4	0	2	1	5	3	30
脱漆	1	0	2	3	1	2	0	0	1	5	2	17
划伤	1	2	1	0	0	0	1	2	1	1	1	10
小计	23	33	40	27	12	26	17	10	56	44	25	313

表 3-5　B 产品制程不良层别统计表

班别：电熨斗班				产品类型：B				总产量：2 万			时间：12 月份
日 不良项	12	13	14	15	16	17	18	19	20	21	22	小计
耐压不良	3	4	3	2	8	1	4	5	2	1	3	36
无功率	2	1	1	4	1	1	1	6	1	2	2	22
温度不对	12	18	20	21	25	18	30	31	19	11	18	223
灯不亮	2	3	4	5	2	1	2	3	6	1	2	31
脱漆	0	1	1	0	1	1	0	1	2	1	1	9
划伤	0	1	2	2	1	1	2	1	1	1	2	14
小计	19	28	31	34	38	23	39	47	31	17	28	335

层别后获取的信息：

（1）同一班组在同一个月内生产的两种产品，且产量都是 2 万，其中 A 产品不良数 313 件，不良率为 1.57%；B 产品不良数 335 件，不良率为 1.68%。

（2）A 产品不良数最高的项目是无功率，计 181 件；B 产品不良数最高的项目是温度不对，计 223 件。

（3）A 产品的无功率跟 B 产品的温度不对是重点分析的项目。

注意事项：

（1）确定主题，然后针对主题去收集数据，如本主题是对 A 产品与 B 产品进行层别比较。

（2）要求下属收集数据时，要给予具体的工作指导，由于是上司指导，部属容易接受且会认真去完成。

（3）上司应监督数据的真实性，不要虚假数据，并对提供虚假数据者予以处罚。

（4）应说明统计的不良是一次性不良，而不是修理后二次或三次不良，这是完全不同的概念。

（5）上司审阅报表时，用色笔将重点问题圈出，并作简要批示，以引起下属注意。

3.1.5　水平对比法

1. 水平对比法的含义

水平对比法也可称为"标杆法"，就是将自己企业的产品、服务与过程质量与处于领先地位的竞争者进行比较，找出与对手的差距，提高质量改进的水平。运用水平对比法可明确改进的，制定改进的计划，在确定企业质量方针、质量目标和质量改进中，使自己处于有利地位。

2. 水平对比法的应用步骤

（1）确定进行水平比较的项目或课题。

对比的项目或课题应该是与产品质量特性有关的内容，如产品的性能、可靠性、安全性、经济性等直接与顾客需求相关的项目。选项时，应注意所选项目是产品质量的关键特性，同时又是切实可行的。

（2）确定对比的对象。

进行对比的对象应该是产品质量领先的竞争对手。

（3）收集整理资料。

根据确定的项目收集相关的资料。一是通过直接访问顾客、有关的专家、有关的生产技术人员、销售人员以获取信息资料；二是通过媒介（互联网、行业信息中心、广告、报刊等）方式收集相关的信息资料，然后按要求进行整理、分析。

（4）进行对比，确定质量改进内容并制定措施。

经过对比分析，如果竞争对手的项目质量水平超过了顾客需要，则应把它作为直接的奋斗目标；如果竞争对手的项目没有满足顾客的需要，则应重新评价顾客的需要；如果竞争对手的项目质量水平没有满足顾客的需要，而非竞争对手的相关项目质量水平都满足了顾客的需要，则应以顾客需要为标准来进行对比。

3. 水平对比法的特点

（1）水平对比法以满足顾客需要为前提，与竞争对手对比找差距，从而达到改善产品质量、提高企业和产品在市场中的竞争能力的目的。

（2）水平对比法虽然与传统的"比先进、学先进、赶超先进"活动有些类似，但它是一项传统的、持续的改进质量活动，而不是随意和偶然的活动。

（3）要求企业在经营的观念上要不断进取、不断赶超、勇于创新，始终以顾客需求为企业最高追求。

3.2 定量质量管理方法

3.2.1 排列图法

1. 排列图法的含义

排列图法又叫巴雷特图或主次因素分析图法，它是定量找出影响产品质量的主要问题或因素的一种有效而简便的方法。此法在 1897 年由意大利经济学家巴雷特用来分析社会财富的分布状况而得名。他发现绝大多数人都处于贫困状态，而少数人占有大部分社会财富，支配着整个社会经济发展动向，起着关键作用，即发现了所谓"关键的少数和次要的多数"的关系。1951—1956 年美国的质量管理学家朱兰把它的原理应用于质量管理，作为改善质量活动中寻找主要因素的一种工具。

排列图如图 3-3 所示，它由两个纵坐标、一个横坐标、多个直方形和一条曲线（折线）构成。左边纵轴表示频数，如件数、金额、时间等；右边纵轴表示累计频率；横轴表示影响产品质量的各项因素，并按其影响大小，从左到右依次排列；直方形高度表示因素影响大小；曲线（折线）表示各项累计频率的连线。

通常按照累计百分数把影响质量的因素分为 3 类：0～80％的叫 A 类，为主要因素；80％～90％的叫 B 类，为次要因素；90％～100％的叫 C 类，为一般因素。抓住了主要因素就可以集中力量加以解决，从而达到控制和提高产品质量的目的。

2. 排列图的制作步骤

（1）收集一定期间的数据，例如不合格品的统计数字。

（2）根据原因、部位、工序、人员等情况把以上数据分层次，计算各类项目重复出现的次数,即频率。

(3) 以一定的比例绘图,左方纵坐标为频率,右方纵坐标为累计频率。

(4) 按频数的大小,依次将各项用直方形表示,几个直方形相连,由左向右下降排列,即形成排列图。

(5) 将各直方形端点的累计数(即各项的频率累加)用一条折线连起来形成由左向右上升的曲线,即巴雷特曲线。下面结合实例来说明排列图法的应用。

某汽车电子厂品管部将上个月组装线的制程不良品进行了统计,共查出250 个质量问题,产生这些问题的原因大致可以分为 5 种,如表 3-6 所示。

表 3-6　零件质量不合格原因分析表

产生原因	频数	累计频数	频率/%	累计频率/%
工装	97	97	38.8	38.8
操作	67	164	26.8	65.6
设备	40	204	16.0	81.6
工艺	32	236	12.8	94.4
其他	14	250	5.6	100.0

根据统计资料画出它的排列图,如图 3-3 所示。从图中可以看出,造成零件不合格的主要因素是工装和操作两个问题。解决了这两个问题,就可以少出不合格品 164 件,降低不合格品率 65.6%。

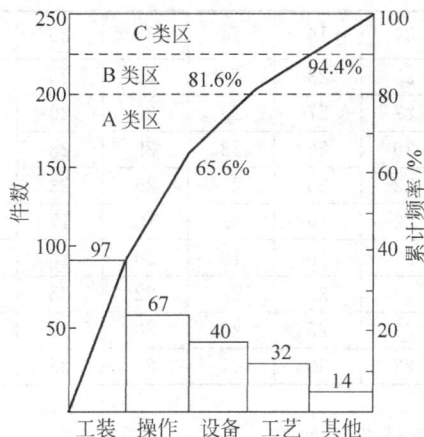

图 3-3　主要因素排列图

应用排列图法时应注意:①主要因素不宜过多,最好 1~2 个,至多不超过 3 个,否则就失去找主要原因的意义;②影响小于 5% 的因素可以统归为其他类,以避免横轴过长,并统一放在横轴的最后;③当针对主要因素采取措施后,应再取数据,按原项目重新画出排列图,以检查措施效果。

3.2.2　直方图法

直方图又叫质量分析图,是用于工序质量控制的一种质量数据分析的方法。它是把从工序收集来的质量数据分布情况作成以组矩为底边、以频数为高度的一系列直方形连接起来的图形,表示质量数据离散程度;用以整理质量数据,找出规律;通过对它的观察来分析、判断和预测产品质量和工作质量好坏,并根据质量特性的分析情况,进行适当的调整,解决存在的问题。

利用直方图进行质量分析,一般分两步进行,即绘制直方图和观察分析直方图。

1. 直方图的绘制

下面结合实例来说明直方图的绘制。

加工一批轴销,其外径为 $\phi 8.80 \sim \phi 8.86$ mm(公差 $T = 0.06$ mm),对 100 个零件进行了测量,测量的结果如表 3-7 所示(表中所列数值均为轴销外径的最后二位数)。

表 3-7　加工零件外径尾数表

8.837	30	34	14	24	32	25	30	30	25
19	13	25	23	28	25	25	25	25	27
23	27	27	27	23	30	20	24	25	29
20	25	30	26	23	29	28	30	35	30
22	18	22	25	25	25	33	22	15	18
29	28	20	16	23	18	17	18	28	28
24	22	23	15	19	20	22	27	23	25
26	23	29	31	22	22	25	30	26	28
20	29	30	25	22	38	25	24	30	35
20	27	22	30	31	27	35	31	22	20

解:作直方图的具体步骤如下:

(1)收集数据。数据总数 n 一般取 100 左右,本例 $n = 100$。

(2)找出最大值与最小值,求出极差 R。本例中最大值 $X_{max} = 8.838$,最小值 $X_{min} = 8.813$。

$$R = X_{max} - X_{min} = 0.025$$

（3）确定组数。用 n 表示统计数据总数，k 表示组数。k 的取值见表 3-8。

表 3-8　统计方法分组表

样本容量(n)	适当分组数	一般使用组数(k)
<50	5～7	
50～100	6～10	
100～250	7～12	10
>250	10～20	

据此本例 $n=100$，选 $k=9$。

（4）计算组距 h：$h=\dfrac{R}{k-1}$。

$$\text{本例}\quad h=\frac{8.838-8.813}{9-1}=0.003\,125\approx0.003$$

（5）计算各组的上下界限值。

首先，计算第一组的上下界限值。一般可用公式 $X_{\min}\pm\dfrac{h}{2}$ 来确定。本例第一组的上下界限为

$$X_{\min}\pm\frac{h}{2}=8.813\pm\frac{0.003}{2}=8.813\pm0.0015$$

$$=\begin{cases}\text{上限值 }8.8145\\\text{下限值 }8.8115\end{cases}$$

然后，计算其余各组的上下界限值。第一组的上界限值就是第二组的下界限值，第二组的上界限值就是第三组的下界限值，以此类推。除第一组以外，其他各组上界限值的计算公式为

$$X_{\min}+(2n-1)\frac{h}{2}\quad(n\leqslant N,\text{本例 }n=2,3,4,\cdots,10)$$

本例第二组的上界限值为

$$X_{\min}+(2n-1)\frac{h}{2}=8.813+(2\times2-1)\times\frac{0.003}{2}$$

$$=8.813+3\times0.0015$$

$$=8.8175$$

第二组的下界限值为第一组的上界限值，即等于 8.8145。

第三组的下界限值为 8.8175，上界限值为

$$X_{\min}+(2n-1)\frac{h}{2}=8.813+(2\times3-1)\times\frac{0.003}{2}$$

$$=8.813+5\times0.0015$$

$$=8.8205$$

以此类推。

（6）计算各组的中心值 X_i：

$$X_i = \frac{某组下界限值 + 某组上界限值}{2}$$

本例第一组中心值

$$X_1 = \frac{8.8115 + 8.8145}{2} = 8.8130$$

第二组中心值

$$X_2 = \frac{8.8145 + 8.8175}{2} = 8.8160$$

以此类推。

（7）统计落入各组的频数 f_i，见表 3-9。

表 3-9　频数分布表

组号	组　距	中心值 X_i	频数计算	f_i ①	μ_i ②	$f_i\mu_i$ ③＝①×②	$f_i\mu_i^2$ ④＝②×③
1	8.8115～8.8145	8.813	丁	2	−4	−8	32
2	8.8145～8.8175	8.816	正	4	−3	−12	36
3	8.8175～8.8205	8.819	正正正	14	−2	−28	56
4	8.8205～8.8235	8.822	正正正下	18	−1	−18	18
5	8.8235～8.8265	8.825	正正正正下	23	0	0	0
6	8.8265～8.8295	8.828	正正正丁	17	1	17	17
7	8.8295～8.8325	8.831	正正正	15	2	30	60
8	8.8325～8.8355	8.834	正	5	3	15	45
9	8.8355～8.8385	8.837	丁	2	4	8	32
	Σ			100	0	4	296

（8）计算各组简化组中值 (μ_i)，并将频数 f_i 栏中频数最高的那一组的中值记为 α。用下面的公式确定 μ_i 值：

$$\mu_i = \frac{X_1 - \alpha}{h}$$

本例 $\alpha = 8.825$，则

$$\mu_1 = \frac{x_1 - \alpha}{h} = \frac{8.813 - 8.825}{0.003} = -4$$

$$\mu_2 = \frac{x_2 - \alpha}{h} = \frac{8.816 - 8.825}{0.003} = -3$$

以此类推。

（9）计算 $f_i\mu_i$ 和 $f_i\mu_i^2$ 以及 $\sum f_i\mu_i$ 和 $\sum f_i\mu_i^2$：

$$f_1\mu_1 = 2 \times (-4) = -8$$

$$f_2 \mu_2 = 4 \times (-3) = -12$$

以此类推。

$$\sum f_i \mu_i = 4$$

$$\sum f_i \mu_i^2 = 296$$

(10) 计算平均值 $\overline{X}$ 和标准偏差 S：

$$\overline{X} = a + h \left(\frac{\sum f_i \mu_i}{\sum f_i} \right)$$

本例中，

$$\overline{X} = 8.825 + 0.003 \times \frac{4}{100}$$

$$= 8.825 + 0.000\,12$$

$$= 8.825\,12$$

$$S = h \sqrt{ \frac{\sum f_i \mu_i^2}{\sum f_i} - \left(\frac{\sum f_i \mu_i}{\sum f_i} \right)^2 }$$

本例中，

$$S = 0.003 \times \sqrt{ \frac{296}{100} - \left(\frac{4}{100} \right)^2 }$$

$$= 0.005\,16$$

(11) 根据计算数据，编制频数分布表，如表 3-9 所示。

(12) 以分组组距为横坐标，以频数为纵坐标绘制直方图，如图 3-4 所示。

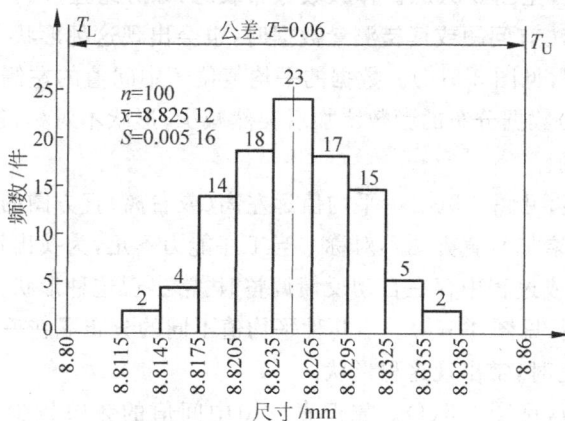

图 3-4　直方图

2. 直方图的观察与分析

1）观察直方图分布的整体形状

观察直方图是否大体呈正态分布状况。一般标准型大体呈正态分布,为正常型,其余均为异常。若有异常,就应查找原因,使其转为标准型。

通常直方图有几种类型,如图 3-5 所示。

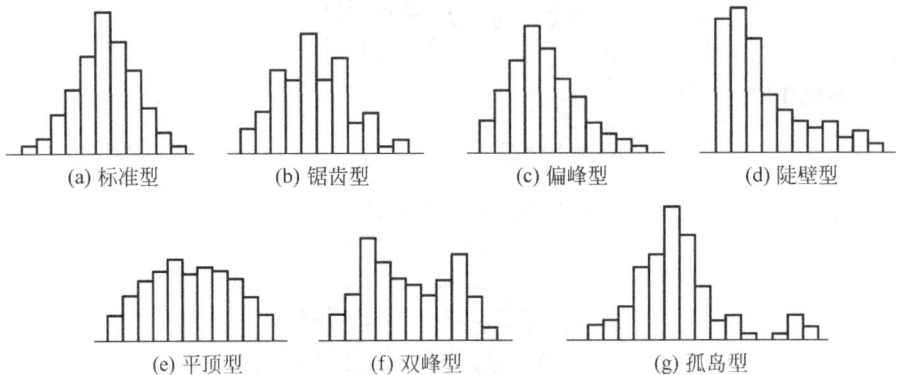

(a) 标准型　　　(b) 锯齿型　　　(c) 偏峰型　　　(d) 陡壁型

(e) 平顶型　　　(f) 双峰型　　　(g) 孤岛型

图 3-5　直方图的常见类型

根据直方图的形状,可以对总体进行初步分析。

（1）标准型（对称型）,见图 3-5(a)。数据的平均值与最大值和最小值的中间值相同或接近,平均值附近的数据的频数最多,频数在中间值向两边缓慢下降,以平均值左右对称。这种形状也是最常见的。

（2）锯齿型,见图 3-5(b)。作频数分布表时,如分组过多,会出现此种形状。另外,当测量方法有问题或读错测量数据时,也会出现这种形状。

（3）偏峰型,见图 3-5(c)。数据的平均值位于中间值的左侧或右侧,从左至右（或从右至左）数据分布的频数增加后突然减少,形状不对称,往往是由于操作者的原因造成的。

（4）陡壁型,见图 3-5(d)。平均值远左离（或右离）直方图的中间值,频数自左至右减少（或增加）,直方图不对称。当工序能力不足,为找出符合要求的产品经过全数检查,或过程中存在自动反馈调整时,常出现这种形状。

（5）平顶型,见图 3-5(e)。当几种平均值不同的分布混在一起,或过程中某种要素缓慢劣化时,常出现这种形状。

（6）双峰型,见图 3-5(f)。靠近直方图中间值的频数较少,两侧各有一个"峰"。当有两种不同的平均值相差大的分布混在一起时,常出现这种形状。

（7）孤岛型,见图 3-5(g)。在标准型直方图的一侧有一个"小岛"。出现这种情况是夹杂了其他分布的少量数据,比如工序异常、测量错误或混有另一分布的少量数据。

2) 观察直方图是否溢出公差范围

有些直方图虽从整体形状上看大体呈对称型分布,但由于中心值的偏离或分散程度超出了公差范围即异常状态,对此应及时采取措施,消除系统因素,重新调整和控制产品质量。

加工零件时,有尺寸公差规定,将公差限用两条线在直方图上表示出来,并与直方图的分布进行比较。典型的 5 种情况如图 3-6 所示,评价总体时可予以参考。

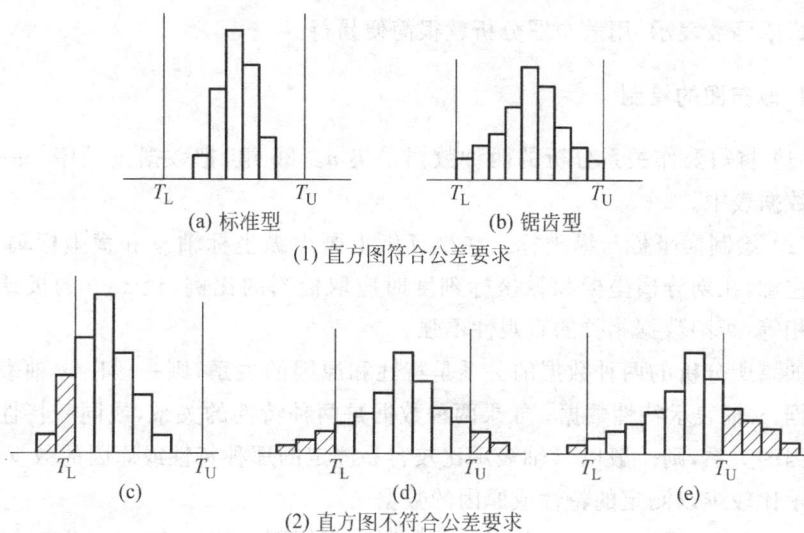

(a) 标准型　　　　　　(b) 锯齿型

(1) 直方图符合公差要求

(c)　　　　(d)　　　　(e)

(2) 直方图不符合公差要求

图 3-6　直方图和公差限

(1) 当直方图符合公差要求时:

① 现在的状况不需要调整,因为直方图充分满足公差要求。

② 直方图能满足公差要求,但不充分。这种情况下,应考虑减少波动。

(2) 当直方图不满足公差要求时:

① 必须采取措施,使平均值接近公差的中间值。

② 要求采取措施,以减少变差(波动)。

③ 要同时采取①和②的措施,既要使平均值接近公差的中间值,又要减少波动。

本例直方图的整体形状呈正态分布,且没有超出公差范围,产品质量合格稳定。

3.2.3　散布图法

散布图法,又名散点图法或相关图法,是用来分析研究某质量因素与质量特性之间相互关系及相关程度的方法。它的做法是将两种有关的数据列出,并且用点填在坐标纸上,进而观察两种因素(数据)之间的关系。

两种数据的关系一般有 3 种类型:①特性与要因的关系;②某一特性与另一特性的关系;③同一特性两个要因之间的关系。

在实际生产中常可发现这种关系。如热处理时淬火温度或冷却速度与工件硬度的关系,机床加工时进刀量与加工精度的关系。这种关系一般难以用精确的公式或函数表示,用散布图分析就很简便易行。

1. 散布图的绘制

(1) 将需要作关系分析的两种数据采集 $n \geqslant 30$ 组,把数据按顺序一一对应填入数据表中。

(2) 绘制横坐标与纵坐标。在坐标纸上画出纵坐标轴 y 和横坐标轴 x,一定要注意,在划分横坐标和纵坐标刻度时应取恰当的比例,让 x、y 的极差长度大体相等,否则数据相关的直观性不强。

如果所分析的两种数据的关系是特性和原因的关系,则一般以 x 轴表示原因数据,y 轴表示特性数据;如果两种数据是两种特性的关系,或同一特性的两种原因的关系,则一般以 x 轴表示比较容易测定的那种特性或原因的数据,以 y 轴表示比较难以测定的特性或原因的数据。

(3) 在坐标图上一一打点。一对数据在坐标图上用一个点"·"表示,点的位置在该对数据的横坐标和纵坐标的交点上。如有两组数据完全相同,则点用"⊙"表示,以此类推,如图 3-7 所示。

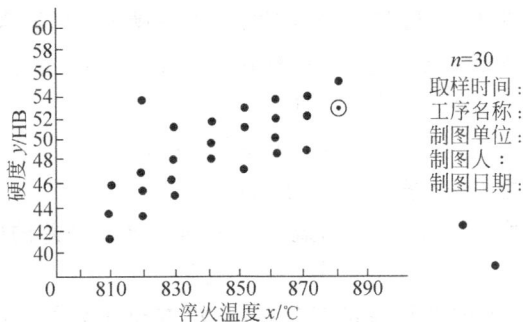

图 3-7　散布图

（4）在图的空白处填写数据对数 n、取样时间、工序名称、制图单位、制图人、制图日期等，如图 3-7 所示。

2. 散布图的观察分析与应用

做出散布图后，从散布图上点的分布状况，可以看出两种数据之间是否有相关关系，以及关系密切的程度，散布图一般有图 3-8 所示 6 种典型形式，反映了两个变量 y 与 x 之间的不同相关关系。在生产现场就可以比照 6 种基本形式进行具体的判断分析，并采取相应的处理措施，不断改进和保证产品质量。

（1）图 3-8(a)表示 x 增加，y 随之明显增加的关系，相关结果分布的宽度 δ 小，说明 x 与 y 的关系密切，称强正相关。这种情况下，如果正确地管理 x，那么，y 也就得到管理。

（2）图 3-8(b)表示 x 增加，y 基本上是随之增加的关系，分部宽度 δ 大，称弱正相关，说明对 y 的影响除 x 外还有其他因素。

（3）图 3-8(c)表示 x 与 y 之间没什么关系，称为不相关。

（4）图 3-8(d)表示 x 增加，y 明显随之减少，分部宽度 δ 小，称强负相关。

（5）图 3-8(e)表示 x 增加，y 基本上是随之减少，分部宽度 δ 大，称弱负相关。

（6）图 3-8(f)表示 x 与 y 之间是曲线相关关系。可把散布图分成两个区间，AA' 左方范围的点作正相关处理，而右方则作负相关处理。

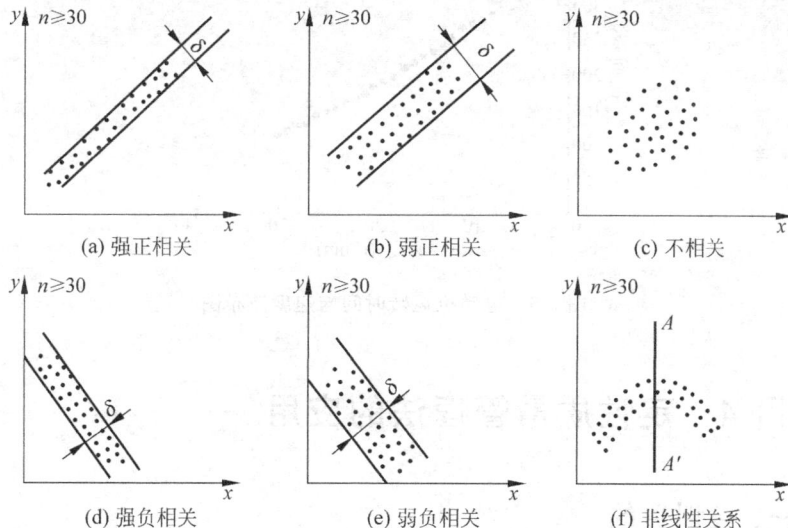

图 3-8　散布图的几种基本形式

在观察散布图时,如发现有远离整体排列的异常点必须查明产生原因。如果是由于测量错误、生产或试验条件的突变造成的,可将异常点剔除;如查不出原因,则必须慎重处理。

例 3-2 电动机连续运转时间与速度散布图。

(1)为确认电动机连续运转之后速度是否发生改变,经试验获得如表 3-10 所示数据。

(2)绘制散布图(图 3-9)。

(3)散布图分析:此散布图显示出电动机运转时间与速度呈强负相关的关系。

表 3-10　电动机速度统计

时间/s	速度/(r/min)	时间/s	速度/(r/min)	时间/s	速度/(r/min)	时间/s	速度/(r/min)	时间/s	速度/(r/min)
1	330	7	325	13	250	19	210	25	171
2	320	8	285	14	244	20	204	26	165
3	308	9	300	15	237	21	197	27	159
4	311	10	270	16	231	22	191	28	151
5	304	11	264	17	225	23	185	29	145
6	297	12	257	18	218	24	178	30	133

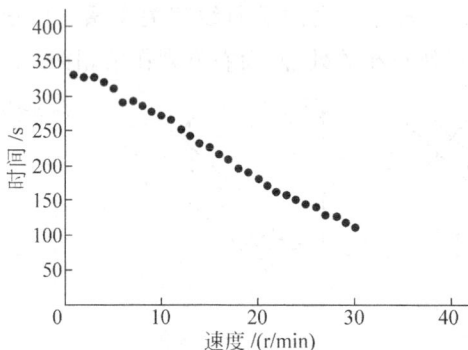

图 3-9　电动机运转时间与速度散布图

项目 4　定性质量管理法的应用

一、实训目的

(1)掌握头脑风暴法的组织和实施过程;

（2）掌握因果图的绘制方法。

二、材料器材

材料：一批学生自制汽车电子电路板 51 MINI BOARD。

器材：带 Excel 软件的个人计算机。

三、操作步骤

1. 头脑风暴法

（1）会前准备阶段：按学生自制汽车电子电路板 51 MINI BOARD 检验成员组成班组。每组确定一名会议组织者，其作用是介绍方法、明确原则、阐明目的，确保会议不偏离主题，按程序规则执行。指定一名记录员，记下所有可能提出的观点，即使是重复的也无妨。

（2）收集观点阶段：每组参加者轮流发表导致 51 MINI BOARD 不合格的意见。每轮每人只提出一个观点，无须为自己的观点作任何解释，若无新观点则轮空，到下轮再发表，这样持续到不再有新观点产生为止。

（3）最后整理阶段：组织者要将每个人的观点重述并让参加者了解全部观点的内容，合并类似的观点，并进行归纳。

2. 用 Excel 绘制因果图

（1）明确所应解决的质量问题：弄清某个质量特性结果，如电源开关焊反，并用同一条主干线指向结果。

（2）影响质量原因分析：先按大的影响原因分，然后由大到中、由中到小依次细分，直到可以采取措施为原则，并用箭头表示到图上。

（3）标记：对起决定作用的因素画重线或作标记使之醒目。

四、注意事项

（1）遵守实验室设备操作规程；

（2）严格按照指导老师要求进行产品检测；

（3）绘制因果图时要记载标题、制图人、年月日。

项目5　排列图的应用

一、实训目的

（1）掌握排列图的绘制方法；

（2）能应用排列图进行质量分析。

二、材料器材

材料：一批学生自制汽车电子电路板 51 MINI BOARD。

器材：带 Excel 软件的个人计算机。

三、操作步骤

1. 不合格原因分析

（1）产品缺陷分类：按项目 2 汽车电子产品小样品的全数检验的结果进行分析，将缺陷根据原因、部位、人员等情况进行分类，并将缺陷的影响因素名称写在实训报告单上。

（2）缺陷频数统计：将所有缺陷按类别收集出相应的频数，并进行分析。

2. 用 Excel 绘制排列图

（1）绘制坐标：在计算机上绘制排列图的一个横坐标和两个纵坐标，横坐标表示影响产品质量的各项因素，并按其影响大小，从左到右依次排列；左边纵轴表示频数，右边纵轴表示累计频率。

（2）绘制直方形：将频数绘制成直方形，直方形高度表示因素影响大小。

（3）绘制巴雷特曲线：将各直方形端点的累计数用一条折线连起来形成由左向右上升的曲线。

（4）找主要因素：在排列图上按照累计百分数把影响因素分为 3 个区，0～80％为主要因素区，80％～90％为次要因素区，90％～100％为一般因素区。看图找出造成产品不合格的主要因素，主要因素一般为 1～2 个。

四、注意事项

（1）遵守实验室设备操作规程；

(2) 严格按照指导老师要求进行产品检测。

项目6 直方图的应用

一、实训目的

(1) 掌握直方图的绘制方法；
(2) 能应用直方图进行质量分析。

二、材料器材

材料：一批电阻元器件，精密万用表。
器材：带 Excel 软件的个人计算机。

三、操作步骤

1. 绘制直方图

(1) 收集数据。对 100 个电阻进行测量，精确到小数点后两位。测量结果填入实训报告单中。

(2) 找出最大值与最小值，求出极差。最大值为 X_{max}，最小值为 X_{min}，极差 $R = X_{max} - X_{min}$。

(3) 确定组数。组数 $k=10$。

(4) 计算组距 h：$h = \dfrac{R}{k-1}$。

(5) 计算各组的上下界限值、各组的中心值（X_i）和落入各组的频数（f_i）。将结果整理到实训报告的频数分布表中。

2. 用 Excel 绘制直方图

以分组组距为横坐标、频数为纵坐标绘制直方图。并利用直方图对此批元器件的质量进行评价。

四、注意事项

(1) 遵守实验室设备操作规程；
(2) 严格按照指导老师要求进行产品检测。

项目7　散布图的应用

一、实训目的

(1) 掌握散布图的绘制方法；
(2) 能利用散布图分析两个变量之间的关系。

二、材料器材

材料：直流电源、电流表、电压表、导线及线插头、继电器、开关、灯泡以及各种电阻等。

三、操作步骤

(1) 按图3-10搭接电路。

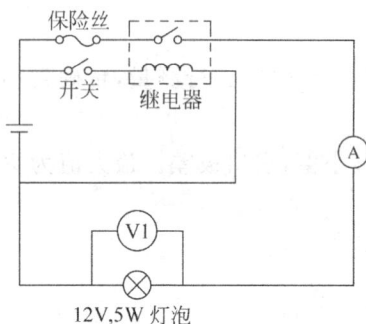

图3-10　电路图

(2) 用Excel绘制散布图。

改变直流电源的电压值，从0V逐渐增加到12V，并记录电压表的电压值、电流表的电流值。根据记录的值绘制成散布图，并分析灯泡工作时其电压与电流之间的关系。

四、注意事项

(1) 遵守实验室设备操作规程；
(2) 严格按照指导老师要求进行产品检测；
(3) 注意：灯泡工作时电压、温度改变都会影响灯泡的电阻值。

第 **4** 章　　质 量 控 制

　　质量控制(quality control,QC)或称品质控制,是"质量管理的一部分,致力于满足质量要求",是企业全面质量管理的重要部分,也是企业生产经营控制的一个重要内容。质量控制是一个设定标准(根据质量要求)、测量结果、判定是否达到预期要求,对质量问题采取措施进行矫正、补救,并防止再发生的过程。通过质量控制能够有效地使各项质量活动及结果达到质量要求。

4.1　质量控制的目的和内容

4.1.1　质量控制的商务环境

影响企业质量控制的商务环境有以下两种。

1. 非合同环境

　　这种环境即供需双方没有签订合同(或无其他形式的契约关系),或者虽有供需合同,但在合同中没有对供方规定质量保证要求。

　　在非合同环境下,供应企业为了确保和不断增强自身的市场竞争能力,必须提供顾客(用户)满意的产品(服务)。为此,应建立质量管理体系,在从识别需求到用户满意的全过程即产品质量形成的全过程中,对影响产品质量的技术、管理、人、物等各种因素及其相互关系进行控制,从而保证满足用户和社会对质量的要求。

2. 合同环境

　　这种环境即供需双方签订合同(或建立其他形式的契约关系),并在合同中对供方规定了质量保证要求。

在合同环境下,供应企业应根据需方的要求及合同的有关条款,构建或完善质量管理体系,相应开展质量控制活动,以提供适应需求方所要求的产品(服务)。

作为供应企业往往同时处于上述两种环境之中。无论属于何种情况,企业都必须建立、健全质量管理体系,但不同的情况有不同的要求:在非合同环境下,企业质量管理体系要预测市场的需求,适应市场的变化;在合同环境下,企业质量管理体系则应研究需方的质量要求,并按合同规定予以满足。

4.1.2　质量控制的目的

质量控制的目的是保证质量,满足要求,即使各项质量活动及结果达到质量要求。质量控制的核心思想是以预防为主。

质量控制的过程、活动、技术与方法等都必须始终围绕这一目的进行,否则,便是无效的、无意义的。由于质量要求发生变化,质量控制活动、技术与方法应随时调整、更新,以保持控制的动态性、实时性的有效和效率。

为使以预防为主的思想贯穿于质量形成的全过程,落到实处、深处,质量控制要充分运用作业技术,开展各项控制活动,及时发现并排除产品质量形成的各个阶段存在的问题及原因,使每个过程、每个环节始终处于受控状态,符合规定的质量要求,取得较佳的经济效益。

4.1.3　质量控制的内容和主要环节

1. 质量控制的内容

在产品形成过程中,与产品(服务)质量有关且相互作用的全部活动或工作有以下 11 项:营销和市场调研;设计/规范的编制和产品开发;采购;工艺策划和开发;生产制造;检验、试验和检查;包装和储存;销售和分发;安装和运行;技术服务和维护;用后处置(特指那些如任意废弃后会对公民健康和社会环境产生不利影响的物品,如核废料和化学制品等,用后须妥善处理)。

上述活动或工作紧密衔接,形成一个环形,称之为质量环。

广义的质量控制,包括了质量环中 11 个环节的所有质量控制职能活动。狭义的质量控制,通常是指生产系统涉及的质量控制职能活动,大体包括质量环中的第 2~7 共 6 个环节的控制职能活动。

质量控制从宏观上讲,包括物质技术形态的质量控制和价值形态的质量控制。

物质技术形态的质量控制,是指以各种理化技术标准为依据,对产品(劳务)性能、形态等所进行的监测与矫正活动。其工作全面地涉及受控对象的设计、制造过程、辅助服务过程和销售使用过程。物质技术形态的质量控制最基本的方法为数理统计方法。

价值形态的质量控制,就是说首先应将质量控制过程视作资金流动的过程(价值流),然后运用一定的经济标准(价值指标)对产品(服务)质量以及质量活动实施控制,以提高质量活动自身乃至整个企业的经济效益和社会效益。

2. 质量控制的主要环节

完成质量控制活动,一般分为标准、信息(反馈)、纠正三个环节。

一是确定控制计划和标准(即需建立标准系统)。质量控制首先要有标准。没有标准,也就不存在控制,凡是有重复性的事物和概念均可标准化。因此,建立标准对象是极其广泛的、普及的。企业生产经营活动 90% 以上均可建立标准,实施控制。

二是按计划和标准实施,并在实施过程中进行监视和验证,即需建立信息反馈系统。

三是对不符合计划或标准的情况进行处置,并及时开展有效的纠正、补救活动等,即要建立一个灵敏、有效、权威的纠正系统,使各项质量活动及结果始终处于受控状态。

4.2　控制图的概念和原理

在第 3 章中介绍的定量质量管理方法如直方图、排列图等,它们所反映的数据都是在某一时刻的静止状态。在实际生产中我们不仅需要了解以前的生产状况,还要了解当前的生产状况,同时还要预测和控制未来的生产状况,确保产品的质量,这就需要一种能反映数据随时间变化的统计方法,这里主要介绍控制图法。

4.2.1　控制图的概念和结构

控制图(control chart)又称管理图,是对生产过程质量特性值进行测定、记录、评估,从而监察过程是否处于控制状态的一种用统计方法设计的图。它是进行工序质量控制的重要工具,是质量管理 7 个工具的核心。其主要作用有:用于分析工序质量及判断生产过程的工序质量的稳定性是否正常;用于工序质量控制排除系统性因素干扰,防止不合格品的产生;为评定产品质量提供依据。控制图由中心线(central line,可表示为 CL)、上控制线(upper control line,可表示为 UCL)和下控制线(lower control line,可表示为 LCL),以及按时间顺序抽取的样本统计量数值的描点序列(质量波动曲线)构成,见图 4-1。UCL、CL 与 LCL 统称为控制线(control lines),图中纵坐标表示需要控制的质量特性值,横坐标表示按系统取样方式得到的子样编号。若控制图中的描点落在 UCL 与 LCL 之外或描点在 UCL 与 LCL 之间的排列不随机,则表明过程异常。控制图最大的优点,是在图中将所描绘的点与控制界限或规范界限相比较,从而能够直观地看到产品或服务的质量。

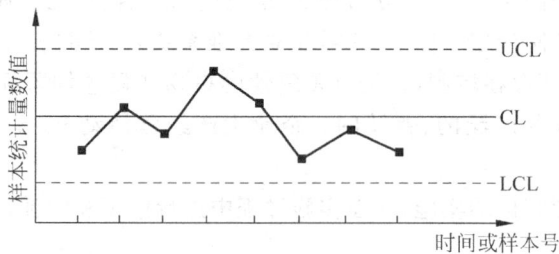

图 4-1　控制图

4.2.2　控制图原理

1. 质量波动

在生产过程中,无论工艺条件多么一致,生产出来的产品的质量特性值也不完全一致,这就是所谓质量波动。产品质量特性的波动分为正常波动和异常波动。

1) 正常波动(偶然因素引起的)

正常波动在每个工序中都是经常发生的。引起正常波动的影响因素很多,诸如机器的微小振动、原材料的微小差异等。在工序中,尽管对单个产品的观察结果不完全相同,但从总体上看,其波动趋势是可以预料的,可以用某种统计分布来进行描述。

2) 异常波动(系统性因素引起的)

工序中的异常波动是由某种特定原因引起的,例如刀具磨损、误操作等都可导致异常波动。

当某工序只存在正常波动时,我们说工序处于正常控制之中,此时的工序生产性能是可以预测的。过程控制系统的目标是当工序出现异常波动时迅速提出统计信号,使我们能很快查明异常原因并采取行动消除波动。

2. 质量分布

产品质量虽然是波动的,但正常波动是有一定规律的,即存在一种分布趋势,形成一个分布带,这个分布带的范围反映了产品精度。产品质量分布可以有多种形式,计量质量特性值常见的分布为正态分布,计件质量特性值常见的分布为二项分布。

3. 数据种类

在质量管理工作中,是根据数据资料对质量进行控制的,质量数据可以分为计量值数据和计数值数据等不同类型。

1) 计量值数据

具有可连续取值的,可用测量仪测出小数点以下数据的称为计量值数据。如长度、重量、电流、化学成分、温度等质量特性的数值皆是计量值数据。

2) 计数值数据

只能用自然数取值的这类数据,称为计数值数据。如次品件数、错字数、质量缺陷点数等。

4. 正态分布曲线

实践证明,正常波动下,大量生产过程中产品质量特性波动的趋势大多服从正态分布。它的特点是中间高,两头低,左右对称,并延伸至无限,曲线与 x 轴围成的面积为1,如图4-2所示。因此,正态分布是一个最基本、最重要的分布规律。

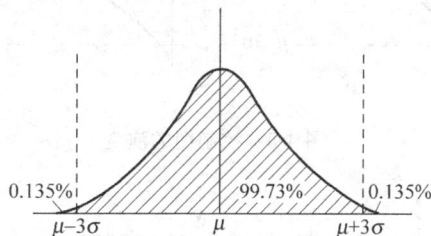

图 4-2　正态分布曲线下的面积

对正态分布曲线,采用其两个参数来表示,即均值 μ 与标准差 σ。均值 μ 与标准差 σ 的变化对于正态分布曲线的影响,分别参见图4-3与图4-4。由图4-3可知, μ 决定正态分布曲线的位置,若 μ 增大,则正态曲线往右移动。由图4-4可知, σ 反映质量特性数据分散程序,标准差 σ 越大,则加工质量特性值越分散。

均值 μ、标准差 σ 与质量有着密切的关系。

当产品质量特性符合正态分布时,不论 μ 与 σ 取值为何,产品质量特性值落在 $[\mu-3\sigma,\mu+3\sigma]$ 范围内的概率为 99.73%,落在 $[\mu-3\sigma,\mu+3\sigma]$ 范围外的概率为 $1-99.73\%=0.27\%$,而落在大于 $\mu+3\sigma$ 或小于 $\mu-3\sigma$ 一侧的概率均为 $0.27\%/2=0.135\%\approx 1‰$,参见图 4-2。

休哈特就是根据这一点发明了控制图。

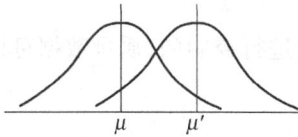

图 4-3　正态曲线随着平均值 μ 变化　　图 4-4　正态曲线随着标准差 σ 变化

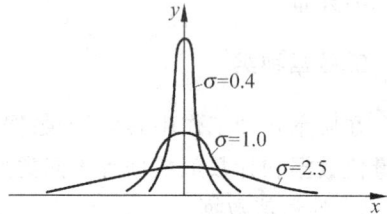

5. 控制图的形成

首先把图 4-2 按顺时针方向转 90°,如图 4-5(a)所示,再将图 4-5(a)上下翻转 180°,成为图 4-5(b),这样就得到了单值(x)控制图,参见图 4-6。图中的 UCL $=\mu+3\sigma$ 为上控制线,CL $=\mu$ 为中心线,LCL $=\mu-3\sigma$ 为下控制线。

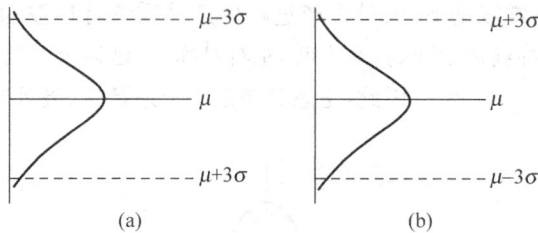

(a)　　　　　　(b)

图 4-5　控制图的演变

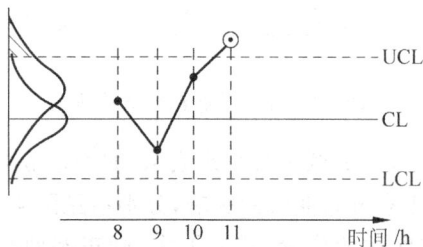

图 4-6　单值(x)控制图

这样,在实际生产中我们可以利用控制图通过"描点"记录,反映质量特性值的变化趋势。根据正态分布的结论,在生产正常的条件下,点超出控制界限的概率只有 1‰左右,可能性非常小,可以认为它实际不会发生;若发生,则可断定生产中存在异常因素,从而及时发现质量问题,采取措施,以达到对产品质量进行控制的目的。见图 4-6 中的第 4 个点。

4.2.3　控制图的观察与分析

作控制图的目的是为了使生产过程或工作过程处于"控制状态",即稳定状态。所谓稳定状态是指生产过程或工作过程仅受偶然因素的影响,其产品质量特性的分布(以平均值和标准偏差来表示)基本上不随时间而变化的状态;反之,则为非控制状态或异常状态。所以,观察分析控制图的常用准则有判稳和判异两种。

1. 判稳准则

判定过程处于稳定状态的标准可归纳为以下两条:
第一,控制图上的点不超过控制界限;
第二,控制图上点的排列分布没有缺陷。
在控制图满足了这两个条件的情况下,就应该判断该过程是处于控制状态(稳态)。这时,控制图的控制界限可以作为以后生产过程或工作过程进行控制所遵循的依据。

关于第一条标准,在下述情况下也可认为基本上处于控制状态,也可以作为以后进行控制所遵循的依据:①连续 25 点以上处于控制界限内;②连续 35 点中,仅有 1 点超出控制界限;③连续 100 点中,不多于 2 点超出控制界限。

用少量数据作控制图容易产生错误的判断,所以在①中规定至少有 25 点以上连续处于控制界限内才算控制状态。也可以认为这实际上是作为第一条标准的补充。对于②、③两种情况,虽然可判定生产过程处于控制状态,但就控制界限外的点本身,终究是异常点,需要密切注意,并追查原因加以处理。

关于第二条标准,控制图上点的分布没有缺陷,指的是控制图上点的分布没有判异准则所列的各种情况。另外凡是点恰在控制界限上的,均作为超出控制界限处理。

2. 判异准则

1)两类判异准则
(1)点出界就判异;
(2)界内点排列不随机判异。

　　由于点的数目未加限制,故后者的模式原则上可以有无穷多种,但现场能够保留下来继续使用的只有具有明显物理意义的若干种,在控制图的判断中要注意对这些模式加以识别。

　　2) 国标 GB/T 4091—2001 中常规控制图的 8 种判异准则

　　8 种判异准则如图 4-7~图 4-14 所示。

　　(1) 准则 1:一点落在 A 区以外。

　　参见图 4-7。在许多应用中,准则 1 甚至是唯一的判异准则。准则 1 可对参数 μ 的变化或参数 σ 的变化给出信号,变化越大,则给出信号越快。准则 1 还可对过程中的单个失控作出反应,如计算错误、测量误差、原材料不合格、设备故障等。

　　(2) 准则 2:连续 9 点落在中心线同一侧。

　　参见图 4-8。此准则是为了补充准则 1 而设计的,以便改进控制图的灵敏度。出现图 4-8 准则 2 的现象,主要是分布的 μ 减小的缘故。

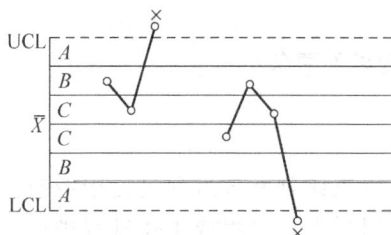

图 4-7　准则 1 的图示

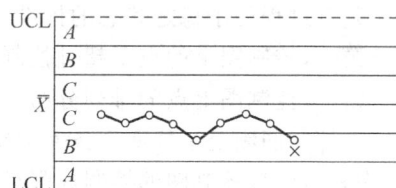

图 4-8　准则 2 的图示

　　(3) 准则 3:连续 6 点递增或递减。

　　参见图 4-9。此准则是针对过程平均值的趋势进行设计的,它判定过程平均值的较小趋势要比准则 2 更为灵敏。产生趋势的原因可能是工具逐渐磨损、维修逐渐变坏、操作人员技能的变化等。

　　(4) 准则 4:连续 14 点中相邻点上下交替。

　　参见图 4-10。出现本准则的现象是由于轮流使用两台设备或由两位操作人员轮流进行操作而引起的系统效应。实际上,这就是一个数据分层不够的问题。选择 14 点是通过统计模拟试验而得出的。

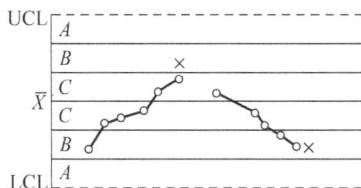

图 4-9　准则 3 的图示

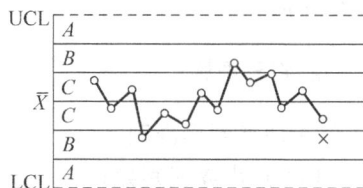

图 4-10　准则 4 的图示

（5）准则 5：连续 3 点中有 2 点落在中心线同一侧的 B 区以外。

参见图 4-11。过程平均值的变化通常可由本准则判定，它对于变异的增加也较灵敏。这里需要说明：三点中的两点可以是任何两点，至于第三点可以在任意位置，甚至可以根本不存在。出现准则 5 的现象是由于分布的参数 μ 发生了变化。

（6）准则 6：连续 5 点中有 4 点落在中心线同一侧的 C 区以外。

参见图 4-12。与准则 5 类似，这第 5 点可在任意位置。本准则对于过程平均值的偏移也是较灵敏的。出现本准则的现象也是由于参数 μ 发生了变化。

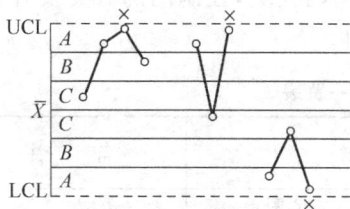

图 4-11　准则 5 的图示

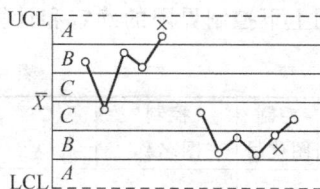

图 4-12　准则 6 的图示

（7）准则 7：连续 15 点在 C 区中心线上下。

参见图 4-13。出现本准则的现象是由于参数 σ 变小，具体原因可能有数据虚假或数据分层不够等。

（8）准则 8：连续 8 点在中心线两侧，但无一在 C 区中。

参见图 4-14。造成本准则现象的主要原因是数据分层不够，本准则即是为此而设计的。

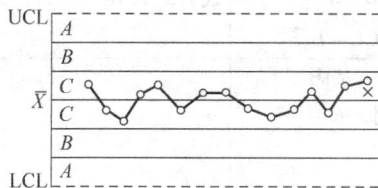

图 4-13　准则 7 的图示

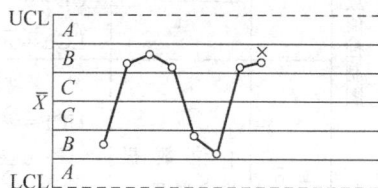

图 4-14　准则 8 的图示

4.3　控制图的运用

控制图的运用是质量控制现场中的一种最基本的工作，是分析和解决质量问题的前提和基础。各种控制图的运用基本包括：数据的收集与整理、计算确定控制图的控制界限、绘制控制图、控制图的使用和改进等过程。本节重点介绍控制图的种类和用途、计量值控制图中 $\overline{X}-R$ 控制图和计数值控制图中 p 控制图的应用方法。

4.3.1　控制图的种类和用途

1. 控制图的种类

控制图可分计量值控制图和计数值控制图两大类,控制图的分类及各种控制图上下控制界限的确定和计算公式见表 4-1。

表 4-1　常规控制图一览表

类别	控制图代号	控制图名称	控制图界限		备　注
计量值控制图	$\overline{x}$-R	均值-极差控制图	$\overline{x}$ 图: $UCL=\overline{\overline{x}}+A_2\overline{R}$ $CL=\dfrac{\sum\limits_{i=1}^{k}\overline{x}_l}{k}=\overline{\overline{x}}$ $LCL=\overline{\overline{x}}-A_2\overline{R}$	R 图: $UCL=D_4\overline{R}$ $CL=\overline{R}$ $LCL=D_3\overline{R}$	$\overline{x}=\dfrac{\sum\limits_{i=1}^{k}x_i}{n}$ n—样本组内样数 k—样本组数 $\overline{R}=\dfrac{\sum\limits_{i=1}^{k}R_i}{k}$
	$\overline{x}$-s	均值-标准差控制图	$\overline{x}$ 图: $UCL=\overline{\overline{x}}+A_3\overline{S}$ $CL=\overline{\overline{x}}$ $LCL=\overline{\overline{x}}-A_3\overline{S}$	s 图: $UCL=B_4\overline{S}$ $CL=\overline{S}$ $LCL=B_3\overline{S}$	可用$\overline{x}$-s 图代替$\overline{x}$-R 图
	$\tilde{x}$-R	中位数-极差控制图	$\tilde{x}$ 图: $UCL=\overline{\tilde{x}}+m_3A_2\overline{R}$ $CL=\dfrac{\sum\limits_{i=1}^{k}\tilde{x}_i}{k}=\overline{\tilde{x}}$ $LCL=\overline{\tilde{x}}-m_3A_2\overline{R}$	R 图: 同$\tilde{x}$-R	
	x-R_s	单值-移动极差控制图	x 图: $UCL=\overline{x}+E_2\overline{R_s}$ $CL=\overline{x}$ $LCL=\overline{x}-E_2\overline{R_s}$	R_s 图: $UCL=D_4\overline{R_s}$ $CL=\overline{R_s}$ $LCL=D_3\overline{R_s}$	

续表

类别	控制图代号	控制图名称	控制图界限	备注
计数值控制图	p	不合格品率控制图	$\mathrm{UCL} = \bar{p} + 3\sqrt{\bar{p}(1-\bar{p})/n}$ $\mathrm{CL} = \bar{p} = \dfrac{\sum\limits_{i=1}^{k} pn}{\sum\limits_{i=1}^{k} n}$ $\mathrm{LCL} = \bar{p} - 3\sqrt{\bar{p}(1-\bar{p}/n}$	$\sum\limits_{i=1}^{k} pn$ — 样品中不合格品数之和 $\sum\limits_{i=1}^{k} n$ — 样本量之和 $\bar{p}$ — 平均不合格品率
	np	不合格品数控制图	$\mathrm{UCL} = n\bar{p} + 3\sqrt{n\bar{p}(1-\bar{p})}$ $\mathrm{CL} = n\bar{p} = \dfrac{\sum\limits_{i=1}^{k} np}{k}$ $\mathrm{LCL} = n\bar{p} - 3\sqrt{n\bar{p}(1-\bar{p})}$	$n\bar{p}$ — 平均不合格品数 $\sum\limits_{i=1}^{k} np$ — 样本组中不合格品之和
	c	缺陷数控制图	$\mathrm{UCL} = \bar{c} + \sqrt[3]{\bar{c}}$ $\mathrm{CL} = \bar{c} = \dfrac{\sum\limits_{i=1}^{k} c_i}{k}$ $\mathrm{LCL} = \bar{c} - \sqrt[3]{\bar{c}}$	c_i — 样组内缺陷数
	u	单位缺陷数控制图	$\mathrm{UCL} = \bar{u} + \sqrt[3]{\bar{u}/n}$ $\mathrm{CL} = \bar{u} = \dfrac{\sum\limits_{i=1}^{k} c_i}{\sum\limits_{i=1}^{k} n}$ $\mathrm{LCL} = \bar{u} - \sqrt[3]{\bar{u}/n}$	u — 单位产品平均缺陷数

注：表中各种控制图控制界限计算公式中的相关系数见表 4-2。

表 4-2　控制图用系数

系数 \ n	2	3	4	5	6	7	8	9	10
A	2.12	1.732	1.500	1.342	1.225	1.134	1.061	1.000	0.949
A_1	2.659	1.954	1.628	1.627	1.287	1.187	1.099	1.032	0.975
A_2	1.880	1.02	0.729	0.577	0.483	0.419	0.373	0.337	0.308
A_{10}	2.000	1.20	1.000	0.800	0.700	0.660	0.610	0.580	0.550
m_3	1.000	1.160	1.092	1.198	1.135	1.214	1.166	1.223	1.177
$m_3 A_2$	1.880	1.187	0.796	0.691	0.549	0.509	0.432	0.412	0.363
B_3	0	0	0	0	0.303	0.118	0.185	0.239	0.284

系数 \ n	2	3	4	5	6	7	8	9	10
B_4	3.267	2.568	2.266	2.089	1.970	1.882	1.815	1.761	1.716
d_2	1.128	1.693	2.059	2.362	2.534	2.704	2.847	2.970	3.173
d_3	0.853	0.888	0.880	0.864	0.848	0.833	0.820	0.808	0.797
D_1	0	0	0	0	0	0.205	0.387	0.546	0.687
D_2	3.686	4.538	4.698	4.918	5.078	5.203	5.307	5.394	5.469
D_3	0	0	0	0	0	0.076	0.136	0.184	0.223
D_4	3.267	2.575	2.282	2.114	2.004	1.924	1.864	1.816	1.777
E_2	2.660	1.772	1.457	1.290	1.184	1.109	1.054	1.010	0.975

随着电子计算机辅助企业管理技术的发展,目前表中所列的各种控制图均可以利用电子计算机进行数据处理与绘制,既提高了工作效率,又增强了控制图法的实用性。

按控制图的应用目的不同,控制图可分为分析用控制图和控制用控制图两类。

2. 控制图的用途

(1) $\bar{x}$-R 控制图。对于计量数据而言,这是最常用、最基本的控制图。它用于控制对象为长度、重量、强度、纯度、时间、效率和生产量等计量值的场合。

$\bar{x}$ 控制图主要用于观察正态分布的均值的变化,R 控制图用于观察正态分布的分散情况或变异度的变化,而 $\bar{x}$-R 控制图则将二者联合运用,用于观察正态分布的变化。

(2) $\bar{x}$-s 控制图与 $\bar{x}$-R 图相似,只是用标准差(s)图代替极差(R)图而已。极差计算简便,故 R 图得到广泛应用,但当样本大小 $n > 10$ 时,一般用 s 图来代替 R 图。

(3) $\tilde{x}$-R 控制图与 $\bar{x}$-R 图也很相似,只是用中位数图($\tilde{x}$图)代替均值图($\bar{x}$图)。所谓中位数是指在一组按大小顺序排列的数列中居中的数。当数据的个数为偶数时,规定中位数为中间两个数的均值。中位数图($\tilde{x}$图)多用于现场需要把测定数据直接记入控制图进行控制的场合,为了简便,一般规定为奇数个数据。

(4) x-R_s 控制图。多用于下列场合:对每一个产品都进行检验,采用自动化检查和测量的场合;取样费时、昂贵的场合;如化工企业的气体与液体产品,由于产品均匀,多抽样也无太大意义的场合。由于不像前三种控制图那样取得较多的信息,所以它判断过程变化的灵敏度也要差一些。

(5) p 控制图。用于控制对象为不合格品率或合格品率等计数质量指标的场合。例如用于控制不合格品率、废品率、交货延迟率、缺勤率,邮电、铁道部门的各种差错率等。这里需要注意的是,在根据多种检查项目综合起来确定不合格品率的情况,当控制图显示异常后难以找出异常的原因。因此,使用 p 图时应选择重要的检查项目作为判断不合格品的依据。

(6) np 控制图。用于控制对象为不合格品数的场合。设 n 为样本大小,p 为不合格品率,则 np 为不合格品数。故取 np 作为不合格品数控制图的简记记号。由于当样本大小 n 变化时,np 控制图的控制线全都成为凹凸状,应用起来极不方便,故只用于样本大小 n 相同的场合。

(7) c 控制图。用于控制一部机器、一个部件、一定的长度、一定的面积或任何一定的单位中所出现的不合格数目。如布匹上的疵点数、铸件上的砂眼数、机器设备的不合格数或故障次数、电子设备的焊接不良数、传票的误记数、每页印刷错误数、办公室的差错次数等。当样本大小 n 变化时,c 控制图的控制线全部成为凹凸状,应用起来难度极大,故 c 图只用于样本大小 n 相同的场合。

(8) u 控制图。当样品的大小保持不变时可以应用 c 控制图,而当样品的大小变化时则应换算为平均每单位的不合格数后再使用 u 控制图。与 c 控制图相似,u 控制图一般用于样本 n 大小相同的场合。

3. 控制图的运用程序

1) 明确运用目的

运用控制图,首先要明确目的,充分理解各种控制图的功能,分别不同目的加以运用。运用控制图的主要目的有:

(1) 运用控制图使重要工序保持稳定状态;

(2) 运用控制图发现工序异常,追查原因,排除系统性因素,使工序达到稳定;

(3) 其他运用目的有:提高质量意识,作为质量教育、管理监督、检查与调节等手段。

2) 决定控制的质量特性

根据运用目的,决定控制的质量特性及其收集方法。

3) 选定控制图

根据质量特性的种类和收集数据的方法来选定控制图。选定控制图时可参照图 4-15 所示的流程。

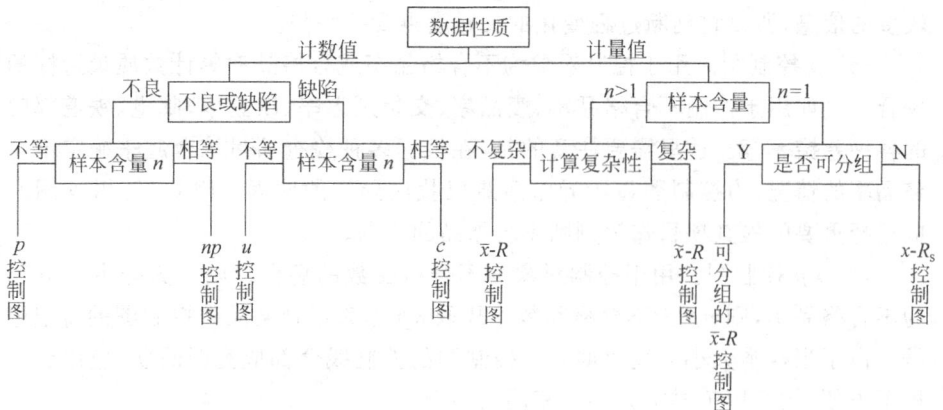

图 4-15　控制图选用流程图

4）绘制分析用控制图

确定控制图之后，先按过去统计资料绘制分析用控制图，运用专业技术知识和质量控制方法，分析、了解工序是否处于控制状态。如果失控，则追查原因，采取措施，修订工艺标准，使工序处于稳定状态。

5）确定控制用控制图及控制标准

当分析用控制图表示出控制状态之后，调整控制界限，就可作为日常生产中的控制用的控制图。

6）重新计算控制界限

工序 5M1E 发生变化时，应重新计算控制界限，以使其符合工序现状。

4.3.2　$\bar{x}$-R 控制图的应用

$\bar{x}$-R 控制图是 $\bar{x}$ 控制图和 R 控制图的总称。$\bar{x}$ 控制图用于控制质量性质平均值的变动，R 控制图用于控制特性值的分散，两个图结合起来构成 $\bar{x}$-R 控制图。它是计量值控制图中最常用、最重要的控制图，具有适用范围广、灵敏度高等特点。下面通过实例说明 $\bar{x}$-R 控制图的制作及应用。

例 4-1　某汽车配件厂为了提高产品质量，应用排列图分析成品不合格的各种原因，结果发现转矩不良（工况测试机上的转矩仪）占第一位。为此厂方决定应用控制图对转矩进行过程控制。

解：我们按照下列步骤建立 $\bar{x}$-R 图。

步骤 1：收集整理数据，参见表 4-3。每组所包含的数据多少叫组的容量，用 n 表示；组的数量叫组数，用 k 表示。一般情况下取 $n=2\sim6$，$k=20\sim25$。本例 $n=5$，$k=25$。

步骤 2：计算各组样本的平均数 $\bar{x}_i$。

$$\bar{x}_i = \frac{x_1 + x_2 + \cdots + x_n}{n} = \sum_{i=1}^{n} x_i / n$$

第一组样本的平均值为

$$\bar{x}_1 = \frac{154 + 174 + 164 + 166 + 162}{5} = 164.0$$

其余类推，参见表 4-3 中第(7)栏。

表 4-3　$\bar{x}$-R 图的数据与计算表

组号	观 测 值					$\sum_{j=1}^{s} x_{ij}$ $i=1,2,\cdots,25$ (6)	$\bar{x}_i$(7)	R_i(8)	备注(9)
	x_{i1}(1)	x_{i2}(2)	x_{i3}(3)	x_{i4}(4)	x_{i5}(5)				
1	154	174	164	166	162	820	164.0	20	
2	166	170	162	166	164	828	165.6	8	
3	168	166	160	162	160	816	163.2	8	
4	168	164	170	164	166	832	167.4	6	
5	153	165	162	165	167	812	162.4	14	
6	164	158	162	172	168	824	164.8	14	
7	167	169	159	175	165	835	167.0	16	
8	158	160	162	164	166	810	162.0	8	
9	156	162	164	152	164	798	159.6	12	
10	174	162	162	156	174	828	165.6	18	
11	168	174	166	160	166	934	167.8	14	
12	148	160	162	164	170	804	160.8	22	
13	165	159	147	153	151	775	155.0	18	超出 $\bar{x}$ 图下界
14	164	166	164	170	164	828	165.6	6	
15	162	158	154	168	172	814	162.8	18	
16	158	162	156	164	152	792	158.4	12	
17	151	158	154	181	168	812	162.4	30	
18	166	166	172	164	162	830	167.0	10	
19	170	170	166	160	160	826	165.2	10	
20	168	160	162	154	160	804	160.8	14	
21	162	164	165	169	153	813	162.6	16	
22	166	160	170	172	158	826	165.2	14	
23	172	164	159	167	160	822	164.4	13	
24	174	164	166	157	162	823	164.6	17	
25	151	160	164	158	170	803	160.6	19	
$\sum$ 均值						4082.2 163.288		357 14.280	

步骤 3：计算各组样本的极差 R_i。

$$R_i = \max\{x_i\} - \min\{x_i\}$$

第一组样本的极差为

$$R_1 = 174 - 154 = 20$$

其余类推，参见表 4-3 中第 (8) 栏。

步骤 4：计算样本总均值 $\bar{\bar{x}}$ 与平均样本极差 $\bar{R}$。

由于

$$\sum_{i=1}^{n} x_i = 4082.2, \quad \sum_{i=1}^{n} R_i = 357$$

$$\bar{\bar{x}} = \sum_{i=1}^{n} \bar{x}_i / k, \quad \bar{R} = \sum_{i=1}^{n} R_i / k$$

参见表 4-3 末行，所以

$$\bar{\bar{x}} = 163.288, \quad \bar{R} = 14.280$$

步骤 5：计算 $\bar{x}$-R 图的控制界限。

先计算 R 图的参数。因为 $\bar{x}$ 图控制界限中包含 $\bar{R}$，所以若过程中的波动失控，则计算出来的控制界限将失去意义。由表 4-2 可知，当样本大小 $n=5$ 时，$D_3=0$，$D_4=2.114$，代入 R 图的控制线计算公式，得到 R 的控制线为

$$UCL = D_4\bar{R} = 2.114 \times 14.280 = 30.188$$

$$CL = \bar{R} = 14.280$$

$$LCL = D_3\bar{R} = 0$$

将 25 个样本的极差描点在 R 图中，参见图 4-16。

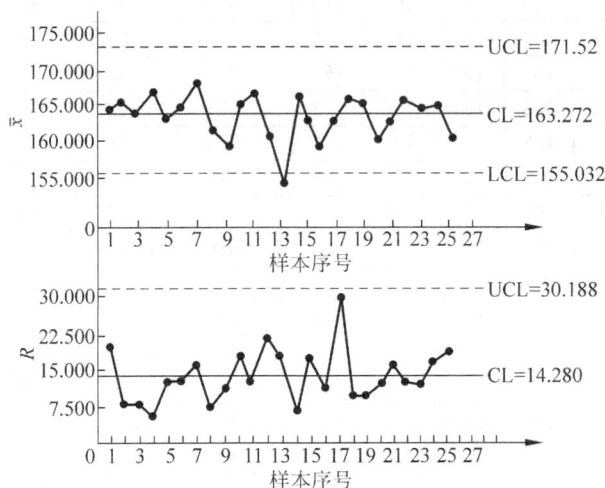

图 4-16　$\bar{x}$-R 控制图（一）

由图 4-16 可知现在 R 图判稳,故接着再建立 $\bar{x}$ 图。由于 $n=5$,由表 4-3 知 $A_2=0.577$,再将 $\bar{\bar{x}}=163.288$,$\bar{R}=14.280$ 代入 $\bar{x}$ 图的控制线公式,得到 $\bar{x}$ 图的控制界限:

$$\text{UCL} = \bar{\bar{x}} + A_2\bar{R} = 163.288 + 0.577 \times 14.280 = 171.527 \approx 171.53$$

$$\text{CL} = \bar{\bar{x}} = 163.288 \approx 163.29$$

$$\text{LCL} = \bar{\bar{x}} - A_2\bar{R} = 163.288 - 0.577 \times 14.280 = 155.048 \approx 155.05$$

可见,第 13 组 $\bar{x}$ 值为 155.00,小于 $\bar{x}$ 图的 LCL,故过程的均值失控。经调查其原因后,改进夹具,并采取措施防止这种现象再次发生。然后去掉第 13 组数据,再重新计算 R 图与 $\bar{x}$ 图的界限。此时:

$$\bar{R}' = \frac{\sum\limits_{i=1}^{k} R_i}{24} = \frac{357 - 18}{24} = \frac{339}{24} = 14.125$$

$$\bar{\bar{x}}' = \frac{\sum\limits_{i=1}^{n} \bar{x}_i}{24} = \frac{4082.2 - 155.0}{24} = \frac{3927.2}{24} = 163.633$$

代入 R 图与 $\bar{x}$ 图的控制线公式,得到 R 图的控制界限为

$$\text{UCL} = D_4\bar{R}' = 2.114 \times 14.125 = 29.860 \approx 29.86$$

$$\text{CL} = \bar{R}' = 14.125 \approx 14.13$$

$$\text{LCL} = D_3\bar{R}' = 0$$

由表 4-3 可见,R 图中第 17 组 $R=30$ 出界。于是舍去第 17 组数据,重新计算如下:

$$\bar{R}'' = \frac{\sum\limits_{i=1}^{k} R_i}{23} = \frac{339 - 30}{23} = \frac{309}{23} = 13.435$$

$$\bar{\bar{x}}'' = \frac{\sum\limits_{i=1}^{n} \bar{x}_i}{23} = \frac{3927.2 - 162.4}{23} = \frac{3764.8}{23} = 163.687$$

R 图的控制界限为

$$\text{UCL} = D_4\bar{R}'' = 2.114 \times 13.435 = 28.402 \approx 28.40$$

$$\text{CL} = \bar{R}''13.435 \approx 13.44$$

$$\text{LCL} = D_3\bar{R}'' = 0$$

由表 4-3 可见,R 图可判稳。于是计算 $\bar{x}$ 图控制界限如下:

$$\text{UCL} = \bar{\bar{x}}'' + A_2\bar{R}'' = 163.687 + 0.577 \times 13.435 = 171.439 \approx 171.44$$

$$CL = \bar{\bar{x}}'' = 163.687 \approx 163.69$$

$$LCL = \bar{\bar{x}}'' - A_2 \overline{R''} = 163.687 + 0.577 \times 13.435 = 155.935 \approx 155.94$$

将其余 23 组样本的极差值与均值分别打点在 R 图与 $\bar{x}$ 图上,参见图 4-17。根据判稳准则知,此时过程的变异度与均值均处于稳态。于是,可将上述的 $\bar{x}$-R 图的控制线延长,作为控制用控制图,供日常管理之用。

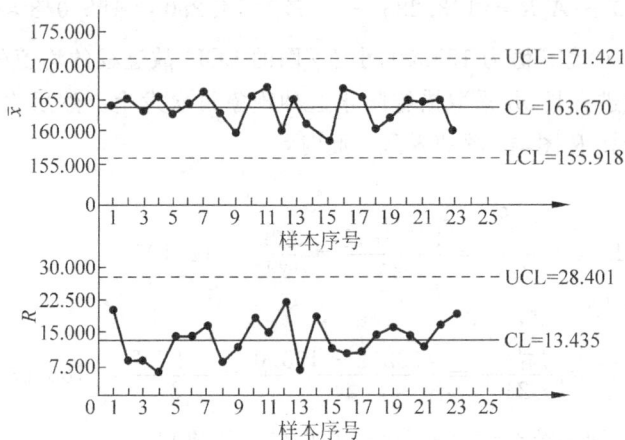

图 4-17　$\bar{x}$-R 控制图(二)

步骤 6:延长上述 $\bar{x}$-R 图的控制线,对工序进行日常控制。

4.3.3　p 控制图的应用

不合格品率 p 控制图表示不合格品在制造中所占的比例。如果不合格品控制图的点超出控制上限,即表示不合格品率增大,就要注意查找原因,采取措施进行控制。它是计数值控制图中比较典型的一种。下面以实例说明 p 控制图的制作及应用。

例 4-2　某半导体器件厂 2 月份某种产品的数据如表 4-4 中的第(2)、(3)栏所示。作 p 控制图对其进行控制。

表 4-4　p 图的数据与计算表

组号(1)	样本大小(2)	不合格品数 D(3)	不合格品率 p(4)	p 图的 UCL(5)
1	85	2	0.024	0.102
2	83	5	0.060	0.103
3	63	1	0.016	0.112
4	60	3	0.050	0.114

续表

组号(1)	样本大小(2)	不合格品数 D(3)	不合格品率 p(4)	p 图的 UCL(5)
5	90	2	0.022	0.100
6	80	1	0.013	0.104
7	97	3	0.031	0.098
8	91	1	0.011	0.100
9	94	2	0.021	0.099
10	85	1	0.012	0.102
11	55	0	0	0.117
12	92	1	0.011	0.099
13	94	0	0	0.099
14	95	3	0.032	0.098
15	81	0	0	0.103
16	82	7	0.085	0.103
17	75	3	0.040	0.106
18	57	1	0.018	0.116
19	91	6	0.066	0.100
20	67	2	0.030	0.110
21	86	3	0.035	0.101
22	99	8	0.080	0.097
23	76	1	0.013	0.105
24	93	8	0.086	0.099
25	72	5	0.069	0.107
26	97	9	0.093	0.098
27	99	10	0.100	0.097
28	76	2	0.026	0.105
小计	2315	90		

$$N = 28, \quad \bar{p} = \frac{\sum\limits_{i=1}^{28} D_i}{\sum\limits_{i=1}^{28} n_i} = \frac{90}{2315} = 0.0389$$

解：

步骤 1：收集整理数据如表 4-4 所示。

步骤 2：计算样本不合格品率。从表 4-4 中第(2)、(3)栏数据，算得第一个样本的不合格品率：$p = 2/85 = 0.24$，其余类推。

步骤 3：计算 $\bar{p}$。

由表 4-4 的末行可得：$\bar{p} = 0.0389$。

步骤 4：计算 $\bar{p}$ 的控制界限。

将 $\bar{p} = 0.0389$ 代入表 4-1 中 p 控制图控制线，由计算公式得

$$\text{UCL} = 0.0389 + 3\sqrt{0.0389(1 - 0.0389)/n_i} = 0.0389 + 0.58/\sqrt{n_i}$$

$$\text{CL} = 0.0389$$

$$\text{LCL} = 0.0389 - 0.58/\sqrt{n_i}$$

由于本例各个样本的大小 n 不相等，所以必须对各个样本分别求出其控制界限。对于第一样本 $n_1 = 85$，则有

$$\text{UCL} = 0.0389 + \frac{0.58}{\sqrt{85}} = 0.102$$

$$\text{CL} = 0.0389$$

$$\text{LCL} = 0.0389 - \frac{0.58}{\sqrt{85}} = -0.024$$

这里，LCL 取负值，由于 p 不可能为负，故取 0 作为 p_1 的自然下界，并记为 LCL。

其余各个样本以此类推，并对各个样本不合格率进行描点，参见图 4-18。图中的 x 轴就是取 0 为自然下界。注意，下控界 LCL 与自然下界是不同的。

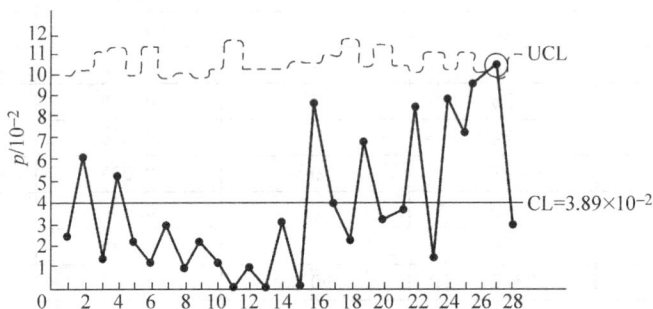

图 4-18　p 控制图

步骤 5：为了判断过程是否处于稳定状态，将各个样本不合格品率点绘在图 4-18 中。

步骤 6：判稳。由于第 27 个样本的点子出界，所以过程失控，找出异常因素并采取措施保证它不再出现。然后重复步骤 1～5，直到过程稳定为止，这时 p 图作为控制用控制图，供日常管理使用。

4.3.4　c 控制图的应用

为监控长江电子厂电路板外观的质量水平，8 月 2 日一天（每 0.5h 抽查一

次)共抽查 25 个样本容量相同的电路板,每个样本的缺点数统计如表 4-5 所示,可据此样本数对生产过程进行研究,看其电路板的生产过程是否处于稳定状态。现根据收集的数据制作分析用 c 控制图。

表 4-5　电路板缺点数统计表

检验时间	样本号	刮伤	有毛刺	裂痕	缺点数
8:00	1	1	2	1	4
8:30	2	0	1	2	3
9:00	3	1	1	3	5
9:30	4	10	0	1	11
10:00	5	3	0	1	4
10:30	6	1	2	1	4
11:00	7	1	7	0	8
11:30	8	3	0	1	4
12:00	9	1	2	1	4
13:30	10	2	2	2	6
14:00	11	2	1	0	3
14:30	12	3	3	0	6
15:00	13	3	2	0	5
15:30	14	1	0	3	4
16:00	15	2	0	2	4
16:30	16	1	2	3	6
17:00	17	5	2	0	7
19:00	18	6	0	1	7
19:30	19	1	0	0	1
20:00	20	8	0	1	9
20:30	21	1	0	2	3
21:00	22	1	3	1	5
21:30	23	1	1	1	3
22:00	24	2	2	0	4
22:30	25	1	0	0	1
	$\sum$				121

计算控制界限与中心值:

$$UCL = \bar{c} + 3\sqrt{\bar{c}} = 4.84 + 3\sqrt{4.84} = 11.44$$

$$CL = \bar{c} = \frac{\sum_{i=1}^{k} c_i}{k} = \frac{121}{25} = 4.84$$

$$\text{LCL} = \bar{c} - 3\sqrt[3]{\bar{c}} = 4.84 - 3\sqrt{4.84} = -1.67(没有下控制线)$$

绘制 c 控制图,见图 4-19。

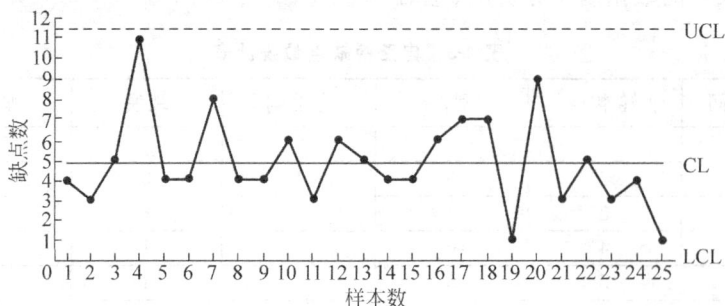

图 4-19　c 控制图

图 4-19(分析用)的点呈随机分布,且无点超出界外,说明生产过程基本稳定,可用此控制界限作为日常管理。

项目 8　$\bar{x}$-R 控制图的应用

一、实训目的

(1) 掌握 $\bar{x}$-R 图的绘制方法;
(2) 能应用 $\bar{x}$-R 控制图对生产过程进行质量控制。

二、材料器材

材料:一批学生自制汽车电子电路板 51 MINI BOARD,精密万用表。
器材:带 Excel 软件的个人计算机。

三、操作步骤

为进一步提高学生自制汽车电子电路板 51 MINI BOARD 的电源电路的质量,决定应用控制图对电源电路的输出电压进行过程控制。

1. 绘制 $\bar{x}$-R 图

(1) 收集整理数据:给每个电路板上电,打开电源开关,并用万用表测量稳压管 7805 的输出端电压。总共测 20 组,每组测 5 个值。每组的容量 $n=5$,组

数为 $k=20$。

（2）计算各组样本的平均数 $\bar{x}_i$：

$$\bar{x} = (x_1 + x_2 + \cdots + x_3)/n = \sum_{i=1}^{n} x_i/n$$

（3）计算各组样本的极差 R_i：

$$R_i = \max\{x_i\} - \min\{x_i\}$$

（4）计算样本总均值 $\bar{\bar{x}}$ 与平均样本极差 $\bar{R}$：

$$\bar{\bar{x}} = \sum_{i=1}^{n} \bar{x}_i/k, \quad \bar{R} = \sum_{i=1}^{n} R_i/k$$

（5）计算 $\bar{x}$-R 图的控制界限。先计算 R 图的参数 UCL、CL 和 LCL，绘制 R 图。若 R 图有点出界，则去掉失控的点，重新计算 R 图的参数 UCL、CL 和 LCL，并绘制新的 R 图，若仍然有点出界则重复以上步骤直到 R 图判稳。再计算 $\bar{x}$ 图的 UCL、CL 和 LCL，绘制 $\bar{x}$ 图，若 $\bar{x}$ 图有点出界，则去掉失控的点，重新计算 $\bar{x}$ 图的参数 UCL、CL 和 LCL，并绘制新的 $\bar{x}$ 图，直到 $\bar{x}$ 图判稳为止；再计算 R 图的参数 UCL、CL 和 LCL，并绘制新的 R 图。

（6）分析出界的点出现的原因。

2. 生产过程控制

将上述稳定的 $\bar{x}$-R 图的控制线延长，作为控制用控制图，供日常管理之用。

四、注意事项

（1）遵守实验室设备操作规程；
（2）严格按照指导老师要求进行数据采集。

第 5 章　质量经济性分析

质量与经济密不可分。实际上,质量管理学科的产生和发展的过程就是不断为经济发展服务的过程。质量的经济性分析是质量管理学科的一个重要组成部分。

5.1　质量经济性分析概述

5.1.1　质量经济性分析的概念

质量经济性分析是指通过产品质量与投入(成本)、产出(收益)之间关系的分析,探求最适宜的质量水平,使企业的、社会的经济效益达到最佳值。质量经济性分析是对企业质量的经济分析和经济效益评价,寻找在改进质量的同时为企业、社会创造最佳效益的方法,并用这种方法指导企业的质量管理和质量改进工作。

质量经济性分析就是要做到最经济地改进和提高产量,用财务的语言反映质量及质量管理活动及其有效性和效率。质量经济性分析贯穿在质量产生、形成和实现的全过程之中。质量经济性分析就是寻求每个过程、每个过程的每个细小环节的最经济质量水平,按这种最经济的质量水平来指导质量产生、形成和实现的全过程,以便取得最佳的经济效益和社会效益。

进行质量经济性分析一般要注意企业经济效益与顾客及社会经济效益相统一,且要将顾客和社会经济效益放在第一位;明确分析比较的时间范围和空间范围;以利润最大化或成本最低为目标。

5.1.2 质量经济性分析的内容

质量经济性分析是对质量产生、形成和实现的全过程进行分析,亦即对企业的质量管理体系进行的分析。具体来说包括以下几种。

1. 设计过程的质量经济性分析

设计过程是质量形成的首要环节,这一过程的质量经济性分析就是使设计的质量满足要求,包括新产品开发的经济性分析、寿命周期费用分析、质量改进的经济性分析、工序能力的经济性分析和设计成本的管理。

2. 制造过程的质量经济性分析

产品的生产制造过程就是将设计的质量变成现实,这一转变过程要求与设计质量要非常符合。如果转变的结果高于或低于设计质量都是不经济的和不符合要求的。高于设计质量就会增加成本,低于设计质量则产品的不合格品率就会增加,就会产生损失。该阶段包括不合格品率的经济分析、返修分析以及质量检验的经济分析等。

3. 使用过程的经济性分析

这类分析包括销售、技术服务网点设置分析、保修期分析和交货期分析等。

4. 质量成本分析

这类分析包括质量成本的构成项目、质量成本各项的构成比例、最适宜的质量成本、设计过程成本的考虑和质量总成本的分析。

5.2 质量成本

20 世纪 50 年代,费根堡姆提出了质量成本的概念,首次把质量成本同企业经济效益联系起来。随着这一理论的广泛实践和迅速发展,不仅使企业获得重大效益,也使消费者得到实惠。正如著名质量管理专家朱兰所说:“在次品上发生的成本等于一座金矿,可以对它进行有利的开采。”质量成本管理已经成为指导企业进行质量改进、降低成本、提高效益特别是衡量质量体系有效性的重要工具。

质量成本理论对于我国的经济发展具有特别重要的现实意义。长期以来,我国相当一部分企业经济效益不高,其主要原因之一就是产品质量差。据不完全统计,我国目前每年由于产品不合格而造成的损失占工业总产值的 10% 以上,价值达千亿元以上,间接经济损失更是难以计算。因此,认真搞好质量成本管理,促进产品质量提高,对于加速我国经济发展具有重要的现实意义。

5.2.1　质量成本的含义

在现实的经济活动过程中,生产经营者与消费者、社会之间存在着这样的矛盾,即生产经营者希望自己提供的产品既能满足要求又能获得可观的经济效益,而消费者希望以较低的价格获得质量好、满足要求的产品,社会希望得到符合社会利益的产品。这一矛盾使企业必须以较少的投入达到最佳质量才能获得经济效益,否则企业就会被淘汰。

所谓质量成本是指组织为保证和提高产品质量而支出的一切费用,以及由于产品质量未达到质量要求而产生的一切损失的费用,这两项费用的总和就构成了质量成本。

5.2.2　质量成本的构成

质量成本的发生,不仅局限于产品的产生、形成和实现过程,而且涉及企业外部的有关方面或活动。质量成本一般可划分为运行质量成本和外部质量保证成本两部分。

1. 运行质量成本

运行质量成本是指为了达到和保持一定的质量水平而运行组织的质量管理体系所支出的费用。运行质量成本包括预防成本、鉴定成本、内部损失成本和外部损失成本。

1) 预防成本

预防成本是企业为了保证质量水平符合要求而支付的费用。也就是说,为了防止不合格和故障的产生而支付的费用称为预防成本。具体包括:

(1) 质量工作费,指企业质量管理体系为预防、保证和控制产品质量,开展质量管理所发生的费用。例如:为了上述目的所进行的办公宣传,编制质量手册、质量计划,进行审核,收集情报,开展质量管理活动等支付的费用。

(2) 质量培训费,指企业对有关人员的培训费。例如:质量意识、质量管理等的培训。其目的是提高有关人员的素质。

(3) 质量奖励费,指企业对有关过程进行奖励的费用。例如:有关质量的合理化建议奖、QC 小组成果奖等。

（4）质量评审费，指企业对产品质量、质量管理体系及新产品设计方案等的评审所发生的费用。

（5）质量改进措施费，指企业为保证或改进产品质量所支付的费用。例如：建立质量管理体系、改进产品设计等的费用。

（6）工资及福利基金，指企业从事质量管理工作的人员的工资和提取的福利基金。

2）鉴定成本

企业为了评定产品是否符合要求而进行的检验、试验和检查所需费用为鉴定成本。具体包括：

（1）检测试验费，指企业按质量要求进行进货检验、工序检验和成品检验所需费用以及设备的检测维修所需费用。

（2）工资及福利基金，指企业从事质量检验、试验工作人员的工资及提取的福利基金。

（3）办公费，指企业有关检验、试验所发生的办公费。

（4）检测设备折旧费。

3）内部损失成本（或内部故障成本）

企业的产品在出厂之前由于不满足质量要求而产生的损失费用为内部损失成本。具体包括：

（1）废品损失费，指企业无法修复或经济上不值得修复的在制品、半成品和产成品报废所损失的费用，以及外购件、外协件因质量不佳而损失的费用。

（2）返修损失费，指企业为修复不合格的在制品、半成品及产成品以使其达到质量要求所支付的材料、人工等费用。

（3）停工损失费，指由于质量问题造成停工所损失的费用。

（4）质量事故分析处理费，指分析处理内部质量事故所支付的费用。

（5）质量降级损失费，指对质量达不到规定的质量要求而进行降级所损失的费用。

4）外部损失成本（外部故障成本）

产品完成交易以后，产品不能满足规定的质量要求而产生的损失费用为外部损失成本。具体包括：

（1）保修费用，指按规定在保修期为顾客提供修理服务所支付的费用以及相关人员的工资及福利奖金。

（2）索赔费用，指产品不满足规定要求，对顾客进行赔偿所支付的费用。

（3）退货损失费，指因产品质量不满足规定要求而造成的顾客退货或换货所损失的费用。

（4）降价损失费，指因产品质量不满足规定要求而进行的降价所损失的费用。

（5）诉讼费，指因产品质量不满足规定要求，顾客提出申诉进行索赔，企业为处理申诉所支付的费用。

2. 外部质量保证成本

外部质量保证成本是指在合同条件下，向顾客提供其所需的客观证据所支付的费用，包括为提供特殊和附加的质量保证措施、程序、数据、产品证实试验和评定、质量管理体系认证所支付的费用。例如：由公认的独立实验机构对产品质量特殊的可信性进行试验所支付的费用；应顾客的要求进行 ISO 9000 质量管理体系的认证所支付的费用。

设置质量成本项目的原则是根据质量成本的定义，在前面质量成本项目组成的基础上，按照企业的实际情况以及质量费用的用途、目的、性质而定。由于不同行业的企业生产条件具有不同的特点，所以具体成本项目可能不尽相同，但基本上是大同小异的。同时在设置具体质量成本项目的时候，还要考虑便于核算和正确归集质量费用，使科目的设置和现行会计核算制度相适应，符合一定的成本开支范围，并和质量成本责任制相结合，做到针对性强，目的明确，便于施行。

5.2.3　质量成本的分析

进行质量成本的分析，必须在拥有足够的质量成本的资料基础上才可以很好地完成。质量成本资料的收集，可以质量管理部门为主，财务部门协助，从现有的会计科目、统计报表和原始凭证中收集有关质量成本的数据。由财务部门负责产品质量成本的统一汇总。

1. 适宜的质量成本

虽然各个企业在产品、规模、顾客和环境等方面都存在着不同，但通过质量成本分析还是可以找到质量成本的一般规律。这一规律对一般企业来说都具有指导意义。实践证明，质量水平同质量成本密切相关。通过质量成本分析，可以反映预防成本、鉴定成本、内部损失成本和外部损失成本与质量水平的关系（见图 5-1）。

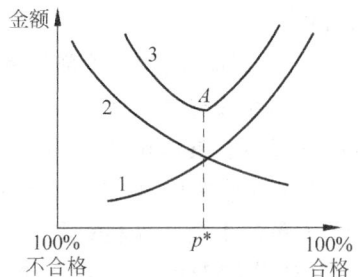

图 5-1　质量总成本的变化规律

图 5-1 中曲线 1 表示预防成本和鉴定成本之和,当产品质量水平低,即不合格率高时,如预防与鉴定成本稍有增加,不合格率 p 就可以大幅度下降;曲线 2 表示内部损失成本和外部损失成本之和,当产品质量水平高,即不合格率 p 低时,如内部损失与外部损失成本稍有增加,不合格率 p 就可以很快提高;曲线 3 表示质量总成本,是曲线 1 和曲线 2 两条曲线之和。由实践和图 5-1 都可以得出这样的结论,即存在着一个合理的质量水平 p,在此水平下,质量成本将达到最低值,这个质量水平就称为"最适宜的质量水平",如图 5-1 中的 $p*$。

2. 质量成本各项比例关系

为了分析质量总成本的变化规律,如把图 5-1 中的曲线 3 的最低点附近放大,可以把这段曲线划分为三个区域,其内在规律如图 5-2 和表 5-1 所示。

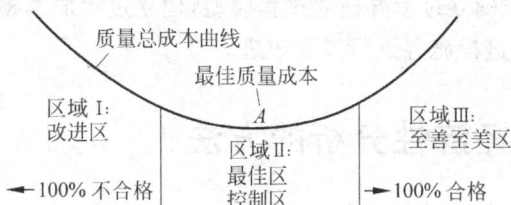

图 5-2　图 5-1 中曲线 3A 段的局部放大

表 5-1　质量成本各项比例关系

质量改进区域	质量控制区	质量至善至美区域
内部和外部损失成本(或内部和外部故障成本)>70% 预防成本<10% 确定改进项目,并予以实施	内部和外部损失成本(或内部和外部故障成本)≈50% 预防成本≈10% 重点为控制、巩固已取得的成果	内部和外部损失成本(或内部和外部故障成本)<40% 鉴定成本>50% 质量过剩,简化检验职能,注意由鉴定转向预防控制

随着管理理论和方法的创新,特别是六西格玛管理在企业的成功应用,使质量成本理论更加丰富和完善。新的观点认为,质量成本应包括预防成本、鉴定成本、质量提高成本和外部质量保证成本。而将内部损失成本和外部损失成本作为质量成本的重要研究对象,但不直接构成质量成本的内容。

3. 质量总成本分析

对于质量成本分析,只计算分析质量成本的多少、各项质量成本的比例关系,这对企业的生产经营活动来说是远远不够的。我们还要分析质量成本与企业其他指标的关系,才能为企业确立一个合理的质量成本。

　　一般通过分析质量总成本与企业总成本、企业总产值和企业销售收入总额的比例关系,以及质量成本的构成项目与企业总成本、企业总产值和企业销售收入总额的比例关系,可以得到质量管理工作给企业带来的经济效益以及质量问题给企业造成的经济损失。质量成本分析是依据质量成本的构成项目——预防成本、鉴定成本、内部损失成本、外部损失成本和外部质量保证成本——来进行质量信息的收集并在此基础上进行分析。也就是说,质量成本分析必须有足够的质量成本资料,否则分析将无法进行。由于不同组织的质量成本不同,有的组织的质量成本资料很难收集汇总,所以进行质量成本分析就比较困难。此时可以采用过程成本分析的方法进行质量经济性分析。过程成本分析就是在确定过程的基础上,将过程成本划分为符合性成本和非符合性成本两类。过程成本分析的一般程序为:确立过程并建立过程模型,建立过程成本模型,撰写过程成本报告,提出过程改进措施并进行过程改进。

5.3　质量经济性分析的方法

　　产品质量是企业生产经营成果在使用价值上的体现,也是企业获得交换价值和取得经济效益的重要前提。产品质量不好,则使用价值不被用户承认;但质量过高,耗费又太大。所以质量水平与经济性有一个最佳结合点。质量经济性分析就是通过分析质量与经济的关系,探求成本最低、经济效益最高的经济性质量水平。

5.3.1　质量经济性分析的原则

　　企业进行产品质量经济性分析的一般原则如下:

　　(1) 用户、消费者利益以及社会效益第一,企业经济效益必须与用户、消费者利益以及社会效益统一。

　　(2) 常用的质量优化目标函数为利润最大、成本最低。

　　(3) 必须明确采用相同的对象来进行比较。比较对象不同,结论自然会大不相同。如以停车检修是否经济来分析,若与正常生产相比,停车检修会有经济损失;但若与发生异常可导致重大伤亡事故相比,则停车检修经济损失甚小。

　　(4) 必须明确比较的条件。企业的内外部条件,如生产能力、市场状况、资金等与质量经济性分析密切相关,是经济分析中目标函数的约束条件,对经济性分析影响较大。例如,市场需求和生产能力间的关系,因企业生产状态不同,其损益大不相同。

（5）必须明确比较的范围,包括时间范围与空间范围。对时间范围,首先要估计一段时间内的市场、社会、技术的发展及其影响;其次要考虑资金的时间价值。对空间范围则应明确是从部门还是从全企业的角度考虑,即考虑要素与整体的关系,必须在整体优化的前提下来考虑要素的优化。

5.3.2　质量经济性分析的方法与步骤

产品质量经济性分析的基本方法是对不同质量水平的目标函数(如利润或成本等)进行比较,以目标函数值的大小作为评价与优化各种质量水平的依据。其一般步骤如下:

（1）确定质量经济分析指标体系。如质量指标,包括产品等级、合格品率、优质品率、返修率、交货期、保修期、服务网点数、技术性能水平、可靠性等;经济指标,包括利润、质量成本、销售成本、使用成本、市场占有率、售价、资金利润率等。

（2）明确课题,提出方案。通过分析企业质量目标、经济指标状况和变化趋势,与同行业先进水平进行比较,找出差距与原因,明确质量改进方向,提出质量改进方案。

（3）进行方案比较。对提出的各种质量改进方案,选定相应的评价目标与方法,进行经济分析,确定最优方案。

（4）控制与实施。按质量经济目标和 PDCA 循环实施情况进行调整控制,组织各部门制定具体实施对策,实行并确保实现目标责任制。

5.3.3　设计过程的质量经济性分析

设计是产品形成的来源,是质量经济分析的开始环节,在质量经济分析中占有非常重要的地位。设计过程质量如何,经济性怎么样,直接关系到以后的所有过程。所以一定要从企业、顾客和社会三方出发,进行综合的经济分析,以实现质量与效益的最佳组合。

设计过程的质量经济性分析,主要分析最适宜的质量水平、寿命同期费用、产品设计阶段成本以及质量改进分析等问题。其中最适宜的质量水平在 5.2 节已经进行了分析,这里就不再赘述。下面主要分析其他两个方面。

1. 寿命周期费用分析

顾客购买企业产品时,不仅考虑产品值多少钱(产品价格),而且想到的是为了使产品正常发挥作用要花费多少钱,即产品的维持费用(包括产品的维修保养费、运行费等）。产品的维持费用是产品在整个寿命周期内费用的总和。产品的质量水平决定了寿命周期费用的大小。如果质量水平越高，产品就越值钱；而产品的维持费用则与之相反。进行寿命周期费用的分析，就是为了使将来推出的产品更好地满足顾客的需要，提高企业信誉进而提高产品的市场占有率，借此为企业创造更好的经济效益和社会效益。图 5-3 显示了寿命周期费用和质量水平的关系。

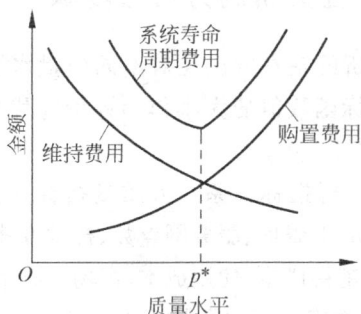

图 5-3　寿命周期费用和质量水平关系图

2. 设计阶段的成本

（1）产品规划成本。如市场调查、技术经济分析费用等。

（2）正式设计成本。如结构组合费用、设计评审费用等。

（3）试制试验成本。如试制费、试验费、鉴定评审费等。

（4）技术管理成本。如情报管理费用、设计管理费用等。设计时通过对这些费用加强管理，并及时进行分析，以实现设计的最佳经济效益。

3. 质量改进分析

ISO 9000：2000 中质量改进是质量管理的一部分，目标是增强满足质量要求的能力。而持续改进则是质量管理的 8 项原则之一。质量改进的经济性分析就是看质量水平的提高和某种质量特性的改变是否可取及是否最优的分析。

在生产实践过程中，质量水平和企业的效益、成本的关系如图 5-4 所示。由图 5-4 可知，质量水平的提高是否可取，就是看质量水平提高给企业带来的经济效益与质量水平的提高所耗费的成本的关系。如果效益大于成本，则质量改进是可取的，但质量水平提高到什么程度是最有利的呢？从图 5-4 中可知，两条曲线之间距离最大的部分所对应的质量水平Ⅱ是最佳的质量水平，即质量水平提高所带来的经济效益与耗费的成本差值最大。对于质量特性的改变的原理与质

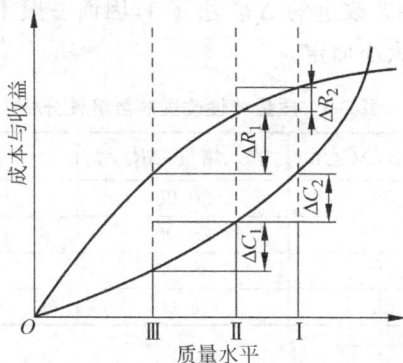

图 5-4 质量改进的经济性分析

量水平提高的分析一样,而实际还得对不同质量特性的改变进行选取,选取的原则是按质量特性改变所带来的经济效益与耗费的成本差值的大小来排序。

由图 5-4 可知,当

$$\Delta\beta_{总} = \frac{\Delta R_{1总}}{\Delta C_{1总}} > 1$$

此时质量改进所带来的质量水平的提高是有利的,否则是无利或不利的。见表 5-2 的示例分析。式中,$\Delta\beta_{总}$ 为全部销售量的总成本收益率增量;$\Delta R_{1总}$ 为全部销售量的总收入增量;$\Delta C_{1总}$ 为全部销售量的总成本增量。

表 5-2 质量水平提高的经济分析示例

情况	销量	单位变动成本/元	单位固定成本/元	单位产品成本/元	单位产品售价/元	总成本/元	总销售收入/元	利润/元	$\Delta\beta_{总}$	企业在经济上的增益
原有水平	100	75	25	100	120	10 000	12 000	2000		
水平提高 1	100	100	25	125	145	12 500	14 500	2000	1	无
水平提高 2	200	85	20	105	120	21 000	24 000	3000	1.1	有

就产品的某种或某些质量特性的改进来说,由于每种产品都可能有多种质量特性,其中有些应当加以改进,而另一些则可以不作改进或不应加以改进。在应当改进的质量特性中,又可以安排其改进顺序,以便与资金供应的可能性相适应。应当改进的质量特性一般是指顾客最关心、对整个产品质量影响最大、反应最敏感,而且所需的改进费用又比较少的那些特性。为了确定哪些质量特性需要改进以及改进的顺序,都要进行质量经济性分析,这种分析的基本原理和质量水平提高的分析完全一致,如表 5-3 所示。此表是在假定销售量不变的情况下作出的。其中,质量特性 1、2、4 改进后的 $\Delta\beta_{总}$ 均大于 1,故在条件许可时都可以

加以改进;而质量特性 3 改进的 $\Delta\beta_\text{总}$ 小于 1,因而一般不作改进。质量特性的改进顺序则依 $\Delta\beta_\text{总}$ 的大小而定。

表 5-3 质量特性改进的经济性分析

质量特性	改进费用,ΔC/元	收入增量,ΔR/元	$\Delta\beta_\text{总}$	改进顺序
1	3.00	30.00	10.00	2
2	2.00	28.00	14.00	1
3	45.00	35.00	0.78	不作改进
4	6.00	18.00	3.00	3

5.3.4 制造过程的质量经济性分析

1. 不合格品率分析

在生产过程中,不合格产品率越高,表明制造过程的质量越差。但是,不合格品率也并非越低越好,因为不合格品率过低,其他费用的损失也越大。因此,从经济上看,应当确定在不同条件下的适宜的不合格品率。现设

$$P = R - C = HJ - LV - F$$

式中,P 为利润;R 为销售收入;C 为总成本;H 为合格品数;J 为产品单价;L 为产量;V 为变动成本;F 为总固定成本。

假定产量为 L_1 或 L_2,相应的合格品率和不合格品率分别为 h_1、h_2 和 b_1、b_2,为使不合格品率改变后利润增加,必须满足 $P_1 > P_2$,即

$$L_2 h_2 J - L_2 V - F > L_1 h_1 J - L_1 V - F$$

或

$$(L_2 h_2 - L_1 h_1)/(L_2 - L_1) > V/J$$

令 $V/J = A$(变动费用率),则

$$(L_2 h_2 - L_1 h_1)/\Delta L > A$$

式中

$$\Delta L = L_2 - L_1$$

当 $(L_2 h_2 - L_1 h_1)/\Delta L = A$ 时,则有

$$h_2 = (A\Delta L + L_1 h_1)/L_2$$

由于不合格品率 $b_2 = 1 - h_2$,所以

$$b_2 = 1 - h_2 = 1 - (A\Delta L + L_1 h_1)/L_2$$

这时的 b_2 为允许的最大不合格品率,即产量的提高不应使不合格品率超过 b_2,否则将是不经济的。

【讨论交流】

某企业产品单位产量 $L=600$ 件,不合格品率 $=8\%$,单位产品售价 $J=50$ 元,单位产品变动成本 $V=25$ 元,固定总成本 $F=8000$ 元。由于对生产进行了改进,产量提高了 25%,而不合格品率提高到 16%。对于企业来说,这种不合格品率的变化是否可以接受,改进是否可取?

具体分析见表 5-4。

表 5-4　某企业生产改进前后的质量经济性分析

方案 1(改进前)	方案 2(改进后)
产量 $L_1=600$ 件	产量 $L_2=600\times(1+25\%)=750$(件)
合格品数 $H_1=600-600\times8\%=552$(件)	合格品数 $H_2=750-750\times16\%=630$(件)
销售收入 $R_1=552\times50=27\,600$(件)	销售收入 $R_2=630\times50=31\,500$(件)
$C_1=600\times25+8000=23\,000$(元)	$C_2=750\times25+8000=26\,750$(元)
$P_1=27600-23\,000=4600$(元)	利润 $P_2=31\,500-26\,750=4750$(元)

经分析可知,方案 2 的利润大于方案 1 的利润,则这种不合格品率的变化是可以接受的,生产的改进是可取的。

2. 返修分析

若生产过程中出现不合格品,对于其中可以返修的产品是采取全部返修、部分返修还是暂不返修,应视市场需要(销售量)和企业的生产能力而定。因此,通常有返修点和不返修点的决策方式,如图 5-5 所示。

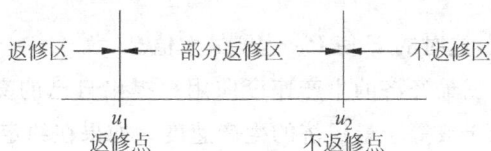

图 5-5　返修点与不返修点

在返修点上,全部生产时间与返修时间符合企业的生产能力,即设备、人力的全部可利用时间,于是有

$$u_1t_1+u1dt_2=T$$

式中,u_1 为返修点的产量(即销售量);t_1 为单位产品生产时间;d 为返修率;t_2 为单位产品返修时间;T 为可利用的全部生产时间。由此可得

$$u_1=T/(t_1+dt_2)$$

同理,在不返修点上,满足销售量的全部生产时间等于可利用的工作时间,即

$$u_2 t_1 / (1-d) = T$$

或

$$u_2 = T(1-d)/t_1$$

式中,u_2 为不返修点的销售量。

当销售量位于 u_1 和 u_2 之间时,为部分返修区,即对可以返修的不合格品只返修其中的一部分。应当说明,求返修点、不返修点的计算公式,必须满足 $t_1 <$ $t_2(1-d)$ 条件,否则一律进行返修。显然,如果返修时间少于或远少于生产时间,返修当然是合理的。

5.3.5 使用过程的质量经济性分析

1. 交货期分析

交货期是企业信誉和利润的重要保证。生产企业决定交货期的主要因素是生产速度,由于生产速度 E 与不合格品数 B 往往具有某种函数关系,可设 $B=f(E)$,因而最经济的生产速度是单位时间内利润达到最大值的生产速度,于是有

$$P_E = J[E - f(E)] - [CE - S \cdot f(E)]$$

式中,J 为产品单价;C 为生产成本;S 为不合格品的回收价格;P_E 为在生产速度为 E 时的利润。

对上式求极值,这时的 E 使 P_E 达到最大值。

企业一般应根据最经济的生产速度向用户提出自己的交货期,使单位生产时间内的交货量低于或等于最经济的生产速度。如果在约定的单位时间内交货量超过最经济的生产速度,则应考虑加班或由外协厂进行部分加工,但对由此而产生的额外费用应进行分析和比较。

2. 销售、技术服务网点设置分析

在企业的经营活动中,销售、技术服务网点设置得越多,用户越满意、方便,产品的性能就会发挥得越好,企业的信誉就会越高,销售量和市场占有量就会增加。但网点越多,相应的费用就越多,所以企业应该设置多少销售、技术服务网点是值得分析的经济问题。

一般来说,每设立一个销售或技术服务网点,企业就要支付一定的费用 j。网点设置总费用 C 与网点数 n 成正比,即

$$C = nj$$

但是,网点设置得越多,企业的收入也越多,设销售收入 S 与网点数 n 之间存在如下关系:

$$S = b + f(n)$$

式中,b 为不设网点时的销售收入。则网点数 n 与网点设置费用 C 和销售收入 S 的关系如图 5-6 所示。

由图 5-6 可知,当 $S=C$ 时,企业由销售/技术服务网点所带来的经济效益为零,对应的横坐标 N 为企业可设置的最多销售、技术服务网点。企业的效益 $p=S-C$,即

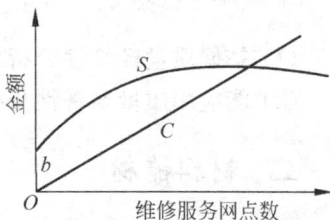

图 5-6　销售或技术服务网点设置

$$p = b + f(n) - nj$$

那么,设置多少销售、技术服务网点使企业取得的效益最大,可对上式求导,并令其为 0,则有

$$\frac{\mathrm{d}(s-c)}{\mathrm{d}n} = \frac{\mathrm{d}[b + f(n) - nj]}{\mathrm{d}n} = 0$$

对上式求解,则可以得到企业最佳的销售、技术服务网点数。

3. 保修期分析

保修是保证产品质量,维护产品正常功能,提高产品和企业信誉及增加产品销量和市场占有率的重要措施。保修期限越长,上述作用越显著,但企业支付的费用和承担的风险就越大,所以企业一般都会根据具体情况确定保修期。

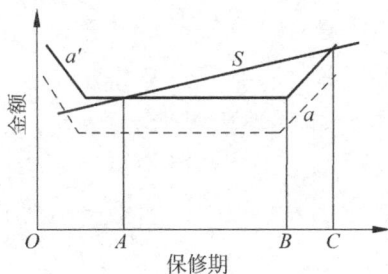

图 5-7　产品故障曲线和保修期的确定

保修期的费用和风险的大小与产品发生故障的概率直接相关,图 5-7 显示了保修期与产品故障的关系。图中,a 表示产品故障"浴盆曲线";a' 表示保修费用的"浴盆曲线";S 表示销售收入与保修期的关系曲线。从图中可以看出保修期应该确定在 AB 这一区间,而最佳保修期应确定在 C 点或 C 点之前一个时段上。

项目 9 质量经济性分析

一、实训目的

(1) 掌握质量经济性分析的内容和方法；

(2) 能应用质量经济性分析方法确定适合的质量。

二、材料器材

材料：一批学生自制汽车电子电路板 51 MINI BOARD。

器材：带 Excel 软件的个人计算机。

三、操作步骤

(1) 对学生自制汽车电子电路板 51 MINI BOARD 的质量进行分析：列出尚可改进的质量特性，并进行市场调研，对质量成本进行评估。

(2) 对 51 MINI BOARD 改进后的质量成本进行分析：收集可以加以改进的质量特性，并进行成本分析。

(3) 通过对比分析，讨论 51 MINI BOARD 质量特性中哪些是应当加以改进的，哪些是可以不改进或不应加以改进的。

四、注意事项

(1) 遵守实验室设备操作规程；

(2) 严格按照指导老师要求进行产品检测。

实 训 报 告

项目 1 质量检验作业指导书的编写

实训报告单

班级_____姓名_____日期_____成绩_____

一、实训目的

二、所需材料器材

三、实训内容记录

文件名称	51 MINI BOARD 产品测试程序	公司	
文件编号		最后修订	
版号		密级	秘密□ 绝密□ 机密□
编制		页码	第 页 共 页
审核		批准	
51 MINI BOARD 产品测试程序			

项目2 汽车电子产品小样品的全数检验

实训报告单

班级_____姓名_____日期_____成绩_____

一、实训目的

二、所需材料器材

三、实训内容记录

1. 全数检查质量结果

样本生产人	质量检验结果	合格/不合格

样本生产人	质量检验结果	合格/不合格

续表

样本生产人	质量检验结果	合格/不合格

2. 不良品处理意见

样本生产人	处理意见

样本生产人	处理意见

项目3 汽车电子产品抽样检验方案设计与实施

实训报告单

班级_____姓名_____日期_____成绩_____

一、实训目的

二、所需材料器材

三、实训内容记录

1.抽样检查方案确定

$N=$_____,检查水平为Ⅱ,AQL=_____			
抽样方案	样本容量 n	合格判定数 Ac	不合格判定数 Re
一次正常			
二次正常			

2.抽样检查质量结果

样本生产人	合格/不合格	样本生产人	合格/不合格

续表

样本生产人	合格/不合格	样本生产人	合格/不合格

3. 抽样检查方案结果

抽样方案	初次检验不合格件数	二次检验不合格件数	判定结果
一次正常		—	
二次正常			

项目4 定性质量管理法的应用

实训报告单

班级_____姓名_____日期_____成绩_____

一、实训目的

二、所需材料器材

三、实训内容记录

1.头脑风暴法的观点归纳

序号	不合格因素	观　点
1		
2		
3		
4		
5		
6		

2. 因果图

3. 不合格品质量改进建议

项目5 排列图的应用

实训报告单

班级_____ 姓名_____ 日期_____ 成绩_____

一、实训目的

二、所需材料器材

三、实训内容记录

1. 样本检验结果

样本生产人	影响质量的因素				
	因素一：_____	因素二：_____	因素三：_____	因素四：_____	因素五：_____

续表

样本生产人	影响质量的因素				
	因素一：_____	因素二：_____	因素三：_____	因素四：_____	因素五：_____

续表

样本生产人	影响质量的因素				
	因素一：_____	因素二：_____	因素三：_____	因素四：_____	因素五：_____

2. 产品质量不合格原因分析表

不合格因素	频数	累计频数	频率/%	累计频率/%

3. 绘制排列图

4. 找出主要因素

项目6　直方图的应用

实训报告单

班级_____姓名_____日期_____成绩_____

一、实训目的

二、所需材料器材

三、实训内容记录

1. 整理电阻测量数据

2. 直方图的频数分布

组号	组距	中心值 X_i	频数计算	f_i ①	μ_i ②	$f_i\mu_i$ ③＝①×②	$f_i\mu_i^2$ ④＝②×③
1	～						
2	～						
3	～						
4	～						
5	～						
6	～						
7	～						
8	～						
9	～						
	$\sum$			100	0		

3. 绘制直方图

4. 利用直方图对批元器件的质量进行评价

项目 7　散布图的应用

实训报告单

班级＿＿＿＿＿＿＿姓名＿＿＿＿＿＿＿日期＿＿＿＿＿＿＿成绩＿＿＿＿＿＿＿

一、实训目的

二、所需材料器材

三、实训内容记录

1. 测量电压与电流数据

电压	电流	电压	电流	电压	电流	电压	电流	电压	电流

2. 绘制散布图

3. 观察散布图,分析灯泡工作时电压与电流的关系

项目 8 x̄-R 控制图的应用

实训报告单

班级_____姓名_____日期_____成绩_____

一、实训目的

二、所需材料器材

三、实训内容记录

1. x̄-R 图的数据与计算表

组号	观 测 值					$\bar{x}_i$	R_i
	$x_{i1}(1)$	$x_{i2}(2)$	$x_{i3}(3)$	$x_{i4}(4)$	$x_{i5}(5)$		
1							
2							
3							
4							
5							
6							
7							
8							
9							
10							
11							
12							
13							
14							
15							
16							
17							
18							
19							
20							

2. $\bar{x}$-R 图

3. 以上控制图可否作为日常管理用？需要剔除哪些异常组？

项目9 质量经济性分析

实训报告单

班级_____ 姓名_____ 日期_____ 成绩_____

一、实训目的

二、所需材料器材

三、实训内容记录

1.51 MINI BOARD 质量成本改进分析

序号	改进前元器件	单价	序号	改进后元器件	单价
1			1		
2			2		
3			3		
4			4		
5			5		
6			6		
7			7		
8			8		
9			9		
10			10		
11			11		
12			12		
13			13		
14			14		
15			15		
16			16		
17			17		
18			18		
19			19		

续表

序号	改进前元器件	单价	序号	改进后元器件	单价
20			20		
21			21		
22			22		
23			23		
24			24		
25			25		
26			26		

2. 以上哪些是应当改进的,哪些是可以不作改进或不应加以改进的?

参 考 文 献

[1] 宗蕴璋.质量管理[M].北京：高等教育出版社,2008.

[2] 谢建华.ISO/TS16949 五大技术工具最新应用实务[M].北京：中国经济出版社,2014.

[3] 聂微,但杨祖.汽车行业质量管理体系核心工具应用指南[M].北京：机械工业出版社,2009.

[4] 梁工谦.质量管理学[M].北京：中国人民大学出版社,2010.

[5] 张根保,何桢,刘英.质量管理与可靠性[M].北京：中国科学技术出版社,2009.

[6] 宋明顺.质量管理学[M].北京：科学出版社,2005.

[7] 白宝光.质量管理学[M].北京：中国财政经济出版社,2001.

[8] 张亚琛.汽车专业质量管理项目化课程设计[J].当代职业教育,2015(4)：25-27.

[9] 张亚琛.汽车专业"质量管理"项目化课程设计研究——以"以质量管理常用方法"为例[J].职业教育研究,2015(5)：74-76.